ストーリーと
活動で
自然に学ぶ
日本語

いつかどこかで

萩原一彦・著

スリーエーネットワーク

© 2008 by Hagiwara Kazuhiko

All rights reserved. No part of this publication may be reproduced, stored in a retrieval system, or transmitted in any form or by any means, electronic, mechanical, photocopying, recording, or otherwise, without the prior written permission of the Publisher.

Published by 3A Corporation.
Trusty Kojimachi Bldg., 2F, 4, Kojimachi 3-Chome, Chiyoda-ku, Tokyo 102-0083, Japan

ISBN978-4-88319-462-9 C0081

First published 2008
Printed in Japan

はじめに

対象

本書は以下のような日本語学習者を対象としています。
- 初級日本語教科書を一通り修了した学習者。
- コミュニケーションスキルに不安を感じている中級学習者。
- 実践的な日本語能力を磨き、さらに上のレベルを目指す中級学習者。

ねらい

- 初級から中上級への橋渡しをスムーズに行うことが本書の第一の目的です。
- 本書では、「気持ち」と「言葉」の関係に注目し、日本語の語彙や表現を「気持ち」とともに学習者の記憶にとどめ、生活の場ですぐに使える日本語の習得を目指します。
- また、実践的なタスクを行うことで、実社会で必要なコミュニケーションスキルや情報収集スキルを身につけることを目指します。
- 振り仮名の多用により、高度な語彙の無理のない習得、オンライン辞書検索や、インターネット検索、ワープロ上の仮名漢字変換スキルの向上に配慮しています。
- ストーリーのある内容で、教師と学習者がともに楽しみながら創造的に学習できる環境作りを支援します。

構成

本書は、15課から成り、各課の構成は以下のようになっています。
本文（普通体の書き言葉）、会話（本文と同じ内容の会話文）、ロールプレイ、タスク、語彙と表現、文法と例文、文法練習、読解練習。なお、巻末には各課の「語彙と表現」の英語、中国語、韓国語の訳が付いています。

また、「別冊1」には、文法練習と読解練習の解答例を、「別冊2」には、教師向けに、本書の意図、本書の構成・使い方、ロールプレイとタスクの指導法、タスクシート、文法解説を含めました。
CDには本文及び会話が収録されています。

Preface

Target Users
This intermediate Japanese language textbook is designed for the following learners:
- Those who have completed an elementary Japanese language textbook;
- Those who are not yet confident about communicating in Japanese;
- Those who want to improve their practical Japanese skills and advance to a higher level.

Aims
- The primary aim of this textbook is to assist with elementary Japanese learners' smooth advance to the intermediate and higher levels.
- Secondly, this textbook aims at the acquisition of Japanese that can be used immediately in real life situations through placing importance on the relationship between "emotion" and "language" and trying to fix Japanese vocabulary and expressions with "emotion" in the learner's memory.
- This textbook also aims at the acquisition of the communication and information gathering skills needed in real life through doing practical tasks.
- "Furigana" is given with most new kanji words so that the learners can easily learn higher-level vocabulary and improve their skills in doing online dictionary searches, Internet searches, and handling the kana-kanji conversion system used on word processors.
- The story presented in this textbook has been written so as to be of interest to the learners, helping both them and their teachers to be creative and enjoy their language classes.

Structure
This textbook consists of 15 chapters. Each chapter contains the Main Part, which is written in plain-style language, the Dialogue, which is based on the story presented in the Main Part, a role-play, a practical task, a list of new vocabulary and expressions, target grammar and examples, grammar practice and reading comprehension practices. English, Chinese, and Korean translations of the new vocabulary and expressions are given at the end of this book.

Two separate volumes and a CD come with this textbook. Separate volume #1 contains example answers to the questions in the grammar and reading comprehension practices. Volume #2 contains the teacher's manual, which includes explanations of the aim and structure of the book, how to use it, guidance on how to use the role-plays and tasks, worksheets for the tasks, and grammar explanations. The CD includes the Main Part and Dialogues.

前言

对象
本书是以具有以下日语水平的学习者为对象编辑而成的。
- 已经把初级日语教科书全部学完了的学习者。
- 对用日语交流的熟练程度信心不足的具有中级水平的学习者。
- 希望提高日语的应用能力,更上一层楼的具有中级水平的学习者。

目标
- 本书的第一目的是使学习者能够顺利地从初级过渡到中高级。
- 本书注重于"感受"与"语言"的关系,使日语的词汇和表现与感受一起留在学习者的记忆中,以掌握在生活中立即可以使用的日语。
- 本书通过进行实践性的练习,使学习者能够获得在现实社会中所需的交流能力和信息收集能力。
- 本书通过大量使用注音假名,使学习者能够比较轻松地掌握住高难度的词汇,提高他们在线词典检索、因特网检索、文字处理机上假名与汉字互换处理的技能。
- 本书以情节丰富的内容,为教师和学习者提供一个可以一起轻松愉快地进行富于创造性学习的环境。

构成
本书共有15课,每一课的构成分为以下几个部分。
课文(普通体的书面语言)、会话(与课文相同内容的会话)、角色扮演、实践练习、词汇与表现、语法与例句、语法练习、读解练习。并于书后附有各课"词汇与表现"的英语、汉语、韩语的译文。

此外,附册1的内容为语法问题与读解问题的答案,附册2中包括的内容有为教师编写的本书的目的、本书的构成及使用方法、角色扮演和实践练习的指导方法、实践练习卷子、语法解说。
CD中收录的内容为本书的课文及会话。

책 머리에

대상

이 책은 다음과 같은 일본어학습자를 대상으로 하고 있습니다.
- 초급일본어교과서를 대강 수료한 학습자.
- 의사소통 능력에 불안감을 느끼고 있는 중급학습자.
- 실천적인 일본어능력을 닦고 보다 더 높은 레벨을 목표로 하는 중급학습자.

목적

- 초급에서 중상급으로 부드럽게 다리를 놓아주는 것이 이 책의 제일 목적입니다.
- 이 책에서는 「감정」과 「말」의 관계에 주목하고, 일본어의 어휘나 표현을 「감정」과 함께 학습자의 기억에 남겨 실생활에서 바로 사용할 수 있는 일본어 학습을 목적으로 합니다.
- 또한 실천적인 테스크(과제)를 실시함으로써 실사회에서 필요한 의사소통 능력이나 정보 수집 능력을 몸에 익히는 것을 목적으로 합니다.
- 일본식 가나읽기(후리가나)를 많이 사용해서 고도의 어휘를 어려움 없이 학습, 온라인 사전 검색이나 인터넷 검색, 워드프로세서상의 가나한자 변환 능력이 향상되도록 배려하고 있습니다.
- 스토리가 있는 내용으로 교사와 학습자가 함께 즐기며 창조적으로 학습할 수 있는 환경 만들기를 지원합니다.

구성

이 책은 15과로 되어 있고 각 과의 구성은 다음과 같습니다.
본문(보통말의 문장체), 회화(본문과 같은 내용의 회화문), 역할극, 테스크(과제), 어휘와 표현, 문법과 예문, 문법 연습, 독해 연습. 또한 책 뒷부분에는 각 과의 「어휘와 표현」의 영어, 중국어, 한국어의 해석이 수록되어 있습니다.

또한 별책 1에는 문법 문제와 독해 문제의 해답례를, 별책 2에는 교사용으로 이 책의 의도, 이 책의 구성・사용법, 상황극과 테스크(과제)의 지도법, 테스크(과제) 용지, 문법 해설이 실려 있습니다.
CD에는 본문 및 회화가 수록되어 있습니다.

目次

はじめに iii
接続の形 3
1　アパート探し 4
2　電車で行こう 16
3　病気になったら 28
4　アルバイト探し 40
5　緊急事態 50
6　旅行に行こう 62
7　暑中見舞い 74
8　ごみは分けて出そう 86
9　苦情 98
10　自炊してみる 110
11　伝言 122
12　安く買おう 134
13　郵便で送る 144
14　結婚式に呼ばれる 156
15　初めてのデート 168

語彙と表現の訳（英語・中国語・韓国語） 181

接続の形

1. 動詞

	5段動詞	1段動詞	する動詞	来る
ない形	帰ら	食べ	し	こ
ます形（連用形）	帰り	食べ	し	き
辞書形	帰る	食べる	する	くる
命令形	帰れ	食べろ	しろ	こい
意志形	帰ろう	食べよう	しよう	こよう
た形	帰った	食べた	した	きた
て形	帰って	食べて	して	きて
普通形　現在	帰る	食べる	する	くる
	帰らない	食べない	しない	こない
普通形　過去	帰った	食べた	した	きた
	帰らなかった	食べなかった	しなかった	こなかった

2. 形容詞、名詞

	い-形容詞	な-形容詞	名詞＋だ
語幹	高	静か	―
普通形　現在	高い	静かだ	学生だ
	高くない	静かではない	学生ではない
		じゃない	じゃない
普通形　過去	高かった	静かだった	学生だった
	高くなかった	静かではなかった	学生ではなかった
		じゃなかった	じゃなかった

1 アパート探し

本文

CD 1

　田中広さんは、今年から東京の会社で働くことになった。その会社には社宅や寮がないので、田中さんは自分で住む所を探さなければならない。

　田中さんの希望の部屋の条件は、会社まで1時間以内で行けること、一人暮らしをするので買い物に便利なこと、それから、バスを使わなくても歩いて電車の駅に行けること、そして、1か月の家賃が10万円以下であることだ。部屋は新しくなくてもいいが、南向きの部屋があることも条件だ。できれば、エアコンが付いている部屋がいい。

　田中さんの会社は新宿にあるので、JR中央線の沿線で部屋を探すことにした。田中さんは、新宿から30分ぐらいの所にある武蔵小金井という駅の周辺から探すことにした。

　不動産屋に行くと、店の人は、田中さんの希望の条件に合った部屋を三つ紹介してくれた。

　一つ目は、ワンルームマンションで、家賃が1か月5万円の物。二つ目は、2Kの木造アパートで、家賃が6万6千円の物、そして、最後はワンルームマンションで、家賃が6万9千円の物だ。

　どれもすぐに入ることができる物だが、広さや条件にいろいろ違いがある。

　田中さんは、不動産屋と一緒に、紹介された三つの部屋を見に行った。田中さん

1 アパート探し

　が気に入ったのは、6万9千円の部屋だった。ワンルームマンションだから部屋は狭いが、南向きで駅からはいちばん近かった。床はフローリングで、新しくてきれいだったし、エアコンとオートロックが付いているのも気に入った。

　田中さんは、不動産屋で部屋の契約をした。契約には、自分と保証人のサインが必要だ。田中さんは、東京に住んでいるおじさんに保証人になってくれるように頼んだ。

会話

CD 2

田中 　　　あのう、すみませんが、この辺で部屋を探したいんですが。
不動産屋　　はい、どんなお部屋がご希望でしょうか。
田中 　　　駅から歩いて行ける所で、10万円以下の所をお願いします。
不動産屋　　わかりました。お部屋はいくつぐらい必要ですか。
田中 　　　一人暮らしの予定ですので、ワンルームでも大丈夫です。古くてもいいんですが、明るい南向きの部屋で、できれば、部屋にエアコンも欲しいですね。
不動産屋　　それですと、この3件になりますが、ご案内しましょうか。
田中 　　　はい、お願いします。

不動産屋　　こちらは、お家賃が5万円のお部屋です。南向きでエアコンも付いています。床はフローリングできれいでしょう？
田中 　　　安くていいと思うんですが、ずいぶん狭いですね。これはちょっと……。
不動産屋　　じゃ、次の所に行きましょうか。

不動産屋　　こちらは6万6千円です。木造ですが、二部屋あります。トイレとお風呂が別々になっていますし、キッチンとお部屋も分かれています。
田中 　　　和室ですね。
不動産屋　　はい、畳のお部屋です。
田中 　　　うーん……、いいんですけど、ここはちょっと暗い感じがします。
不動産屋　　じゃ、次に行きましょうか。

1 アパート探し

不動産屋　こちらは6万9千円になります。ここは割と新しいお部屋です。

田中　　　この部屋はきれいですね。フローリングだし、明るくていいと思います。

不動産屋　ドアはオートロックになっていますし、階段やエレベーターには監視カメラが付いていますので、安全です。

田中　　　そういう設備が付いていると、管理費は高いでしょう？

不動産屋　管理費は月々5千円です。家賃と合わせると7万4千円ですから、お客様のご予算に合うと思います。駅からは歩いて7分ですし。

田中　　　そうですね、じゃ、ここに決めたいと思います。

不動産屋　ありがとうございます。それでは、事務所の方へ戻って契約しましょうか。

ロールプレイ　　会話文を使ってロールプレイをやってみよう。

タスク　　　　　賃貸物件検索サイトを使って、部屋を探そう。

語彙と表現

本文

社宅　寮　希望　条件　一人暮らし　家賃　南向き
できれば　エアコン　付く　新宿　JR中央線　沿線
武蔵小金井　周辺　不動産屋　紹介(する)
ワンルームマンション　2K　木造　アパート　広さ　違い
気に入る　床　フローリング　オートロック　契約(する)
保証人　サイン　必要(な)　おじさん　頼む

会話

それですと　～件　(一・二・三・四)部屋　トイレ　風呂
別々　キッチン　分かれる　和室(⟷洋室)　畳　暗い
感じがする　割と　階段　エレベーター　監視カメラ　安全(な)
設備　管理費　月々　合わせる　予算　決める　事務所
～の方　戻る

文法と例文

1 アパート探し

1．条件は、（＊）ことだ

[接続]　＊ 動詞（普通形現在）

　　　　＊ い-形容詞（普通形現在）

　　　　＊ な-形容詞（普通形現在　ただし、〜だ→〜な）

　　　　＊ 名詞＋である（普通形現在）

① 田中さんの希望の部屋の条件は、会社まで1時間以内で行けることだ。

② わたしが買いたい車の条件は、ちゃんと走ることと、値段が安いことだ。

③ わたしが住みたい家の条件は四つある。それは、一戸建てであること、庭があること、静かなこと、そして会社から遠くないことだ。

④ 理想のアルバイトの条件は、時給が高いこと、家から近いこと、働く時間が自分で決められることだ。

2．〜に合う

① 不動産屋に行くと、店の人は、田中さんの希望の条件に合った部屋を三つ紹介してくれた。

② 7万4千円ですから、お客様のご予算に合うと思います。

③ 今の仕事は、わたしに合っていると思う。

④ この靴は、わたしの足に合っているから、長い間歩いても疲れない。

⑤「あの服、どう？」

　「買わないと思う。僕の趣味に合わないから。」

3. （＊）に違いがある

[接続]　＊名詞（「条件」「スタイル」「量」「程度」「大きさ」「やり方」など）

① どれもすぐに入ることができる部屋だが、広さや条件にいろいろ違いがある。

② 国によって、生活スタイルに違いがある。

③ 同じ種類の車でも、色やエンジンの大きさにいろいろ違いがある。

④ わたしの料理とプロのシェフが作った料理では、味の良さと美しさに違いがある。

⑤ 学生によって日本語の勉強のやり方にいろいろ違いがある。

4. （＊）ように [依頼・命令]

[接続]　＊動詞（普通形現在）

① 田中さんは、おじさんに保証人になってくれるように頼んだ。（依頼）

② 母にあしたの朝早く起こしてくれるように頼んだ。（依頼）

③ あしたは授業に行けないので、友達にノートを見せてくれるように頼むつもりだ。（依頼）

④ コーチはわたしに、頑張るように言いました。（命令）

⑤ 母はわたしに、嫌いな物でも食べるように言いました。（命令）

⑥ わたしは秘書に、3時まではだれも部屋に入れないように言った。（命令）

1 アパート探し

5．（＊）になっている

［接続］　＊名詞

　　　　＊動詞（普通形現在）＋こと

① このマンションでは、ドアはオートロックになっています。
② 日本の道路では、車は左側通行になっている。
③ この会社では、給料は現金で払うことになっています。
④ 教室の中では、携帯電話の電源は切ることになっています。
⑤ この大学は、駐車場が少ないので、学生は車で来てはいけないことになっています。

文法練習

1．下の文の下線部を変えて、文を作りなさい。

① わたしの理想の結婚相手の条件は、テニスができること、背が高いこと、金持ちであることだ。

わたしの理想の＿＿＿＿＿＿＿＿＿＿＿＿＿＿＿の条件は、

＿＿＿＿＿＿＿＿＿＿＿＿＿＿＿＿＿＿＿＿こと、

＿＿＿＿＿＿＿＿＿＿＿＿＿＿＿＿＿＿＿＿こと、

＿＿＿＿＿＿＿＿＿＿＿＿＿＿＿＿＿＿＿＿ことだ。

② 高いホテルと安いホテルでは、食事やサービスに違いがある。

＿＿＿＿＿＿＿＿＿＿＿＿＿＿＿＿＿＿＿＿と

＿＿＿＿＿＿＿＿＿＿＿＿＿＿＿＿＿＿＿＿では、

＿＿＿＿＿＿＿＿＿＿＿＿＿＿＿＿＿＿＿＿や

＿＿＿＿＿＿＿＿＿＿＿＿＿＿＿＿＿＿＿＿に違いがある。

2．「～ように」を使った文を完成させなさい。

① ＿＿＿＿＿＿＿に＿＿＿＿＿＿＿ように頼んだ。(依頼)

② ＿＿＿＿＿＿＿に＿＿＿＿＿＿＿ように言ってください。(命令)

1 アパート探し

3.「もうだれかが決めてしまっていて、あなたには変えられないこと／物」を「〜になっている」を使って書きなさい。

読解練習

次の質問の答えを本文と会話の中から見つけて<u>普通体</u>で書きなさい。

1．田中さんの会社には社宅がありますか。
_____

2．田中さんの会社は、田中さんの部屋探しを手伝ってくれますか。
_____

3．田中さんが部屋を探すときの希望の条件は何ですか。五つ書きなさい。
- _____
- _____
- _____
- _____
- _____

4．田中さんがＪＲ中央線沿線で部屋を探すことにした理由は何ですか。
_____

5．不動産屋が案内した三つの部屋の中で、畳の部屋があったのは家賃がいくらの部屋でしたか。
_____

1 アパート探し

6．田中さんは、どうして5万円の部屋を選ばなかったのですか。
_____

7．田中さんが選んだ部屋に住むためには、毎月いくら払わなければなりませんか。
_____

8．部屋を借りるために、田中さんは、だれに保証人になってくれるように頼みましたか。
_____

2 電車で行こう

本文

CD 3

　田中広さんが前に住んでいた所では、電車やバスが不便だったので、田中さんは、どこへ行くのにも車を使っていた。しかし、東京では車より電車が便利だ。電車の路線網が発達しているので、行きたい所には電車で行くことができる。田中さんの会社では、社員に交通費を出してくれるので、田中さんは電車賃のことをあまり心配する必要がない。

　田中さんは会社までの定期券を買うことにした。田中さんの会社にいちばん近いのは、東京メトロの新宿三丁目という駅だ。田中さんの住んでいる武蔵小金井を通っているのはＪＲ中央線だから、新宿三丁目に行くためには、どこかで乗り換えなければならない。乗り換える駅と使う路線で、時間と値段が違ってくるはずだ。

　田中さんは武蔵小金井の駅で、駅員に相談した。駅員は、いろいろ考えて、三つのルートを探してくれた。
　一つ目は、武蔵小金井から荻窪までＪＲ中央線で行って、荻窪で東京メトロ丸ノ内線に乗り換えるルート。二つ目は、新宿までＪＲ中央線で行って、新宿で丸ノ内線に乗り換えるルート。三つ目は、新宿までＪＲ中央線で行って、新宿から都営新宿線に乗り換えるルートだ。
　駅員の説明によると、いちばん安くて速いのは、荻窪で乗り換えるルートだとい

2 電車で行こう

うことだった。荻窪で乗り換えると、武蔵小金井から新宿三丁目までは40分で行けるらしい。田中さんのアパートから武蔵小金井までは歩いて7分かかる。また、新宿三丁目から会社までは5分かかる。全部で1時間あれば、会社に着けるだろう。会社は9時に始まるから、8時に家を出ればいい。それに、荻窪は丸ノ内線の始発駅なので、朝のラッシュアワーでも席に座れる可能性がある。

　田中さんは、荻窪乗り換えの3か月定期券を買うことにした。お金を払うと、駅員は領収書をくれた。この領収書を会社に持って行くと、会社は田中さんに定期券代を支給してくれる。

会話

田中　　あのう、定期券のことで聞きたいんですが。

駅員　　はい、どうぞ。

田中　　この駅から新宿三丁目まで買いたいんですが、どこで乗り換えるのがいいでしょうか。

駅員　　お調べしますので、お待ちください。乗り換え駅のご希望はありますか。

田中　　いいえ、特にありません。いちばん速いルートをお願いします。

駅員　　お待たせしました。荻窪乗り換えと新宿乗り換えがあります。荻窪乗り換えがいちばん速いですね。荻窪乗り換えだと、新宿三丁目まで約40分です。ほかのルートでも4分ぐらいしか違いませんけど。

田中　　そうですか。じゃあ、新宿乗り換えでも大丈夫かな。値段はどれぐらい違いますか。

駅員　　やっぱり、荻窪乗り換えがいちばん安いですね。3か月の定期ですと、ほかのルートにすると4千円ほど高くなります。

田中　　そうですか、それじゃ、やっぱり、荻窪乗り換えの方がいいですね。荻窪乗り換えでお願いします。

駅員　　はい。定期券は、1か月、3か月、6か月がございますが。

田中　　3か月のをお願いします。

駅員　　少々お待ちください。お値段は、3か月定期で38,330円になります。

田中　　（1万円札を4枚出す）じゃ、これでお願いします。

2 電車で行こう

駅員	はい、4万円お預かりします。1,670円のお返しです。お確かめください。こちらは、領収書です。
田中	どうも。
駅員	定期券は、あちらの自動券売機でも販売しておりますので、次からはそちらもご利用ください。
田中	これは、自動改札機に通しても大丈夫ですよね。
駅員	はい、大丈夫です。自動改札機でご利用ください。ありがとうございました。

ロールプレイ　会話文を使ってロールプレイをやってみよう。

タスク　鉄道路線検索サイトを使ってみよう。

語彙と表現

本文

しかし　路線網　発達(する)　交通費　電車賃　心配(する)
定期券　東京メトロ　新宿三丁目　乗り換える　路線　時間
値段　違う　駅員　相談(する)　ルート　探す　荻窪
丸ノ内線　都営新宿線　説明(する)　〜によると　全部で
始まる　始発駅　ラッシュアワー　席　可能性　領収書
〜代　支給(する)

会話

調べる　特に　待たせる　約〜　ほか　やっぱり　少々　札
預かる　お返し　確かめる　こちら　あちら　自動券売機
販売(する)　次　利用(する)　自動改札機　通す

文法と例文

2 電車で行こう

1．AでBが違う

① 乗り換える駅と使う路線で時間と定期券の値段が違ってくる。
② アメリカのホテルでは、払うチップの多さでサービスが違う。
③ 料理は、材料と作る人のセンスで味が違う。
④ ダイヤモンドは、大きさと色とカットで値段が違う。
⑤ 勉強に使う時間と勉強のやり方で成績が違ってくる。
⑥ 人間は、経験でその人の魅力が違ってくる。

2．伝聞表現1

～によると、（＊）ということだ／（＊）そうだ／（◆）らしい

[接続]　＊普通形

　　　　◆普通形

☆◆の場合、「な形容詞＋だ」「名詞＋だ」の「だ」はつかない。

① 駅員の説明によると、いちばん安くて速いのは、荻窪で乗り換えるルートだということだった。
② 今朝の天気予報によると、今日はいい天気になるということだ。
③ 友達の話によると、今日の日本語のクラスは休みだそうだ。
④ 新聞によると、円が少し安くなったそうだ。
⑤ うわさによると、田中さんは彼女ができたらしい。
⑥ 旅行ガイドブックによると、京都の冬は寒いらしい。

3．やっぱり／やはり

① やっぱり、荻窪乗り換えがいちばん安いですね。

② そうですか、それじゃ、やっぱり、荻窪乗り換えの方がいいですね。

③ 子供のとき、最初に飼った動物は犬だった。その後、猫も飼ったし、金魚も飼ったが、わたしはやっぱり犬がいちばん好きだ。

④ スパゲッティにしようかな。ラザニアにしようかな。グラタンもおいしそうだなあ。うーん……。やっぱりスパゲッティにしよう！

⑤ やっぱり、日本に住むと日本語が上手になりますね。

⑥ こらーっ！　ここに落書きしたのは、やっぱりおまえか！

⑦ 日本料理を食べるときにいろいろな酒を飲んでみたが、日本料理には、やはり日本酒がよく合う。

4．お（＊）ください／ご（＊＊）ください

[接続]　　＊ 5段動詞／1段動詞（ます形）

　　　　＊＊ する動詞（名詞＋する）の名詞部分

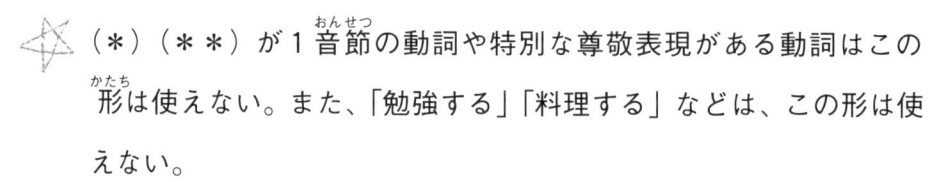

☆（＊）（＊＊）が1音節の動詞や特別な尊敬表現がある動詞はこの形は使えない。また、「勉強する」「料理する」などは、この形は使えない。

① お待ちください。

② 1,670円のお返しです。お確かめください。
　1,670円のお返しです。ご確認ください。

2 電車で行こう

③ 定期券は、あちらの自動券売機でも販売しておりますので、次からはそちらもご利用ください。

定期券は、あちらの自動券売機でも販売しておりますので、次からはそちらもお使いください。

④ そちらの席にお座りください。

そちらのいすにおかけください。

そちらにご着席ください。

文法練習

1－1．次の（　）の中に適当な助詞を入れなさい。

① ケーキは、使う砂糖の量（　　）甘さが違う。
② ダイヤモンドは、サイズ（　　）色（　　）カット（　　）値段が違う。

1－2．「……は、」に続けて文を完成させなさい。

① レストランは、
_____で_____が違う。

② 洋服は、
_____で_____が違う。

③ 人は、
_____で_____が違う。

2．下の文の下線部を変えて、文を作りなさい。

① <u>今朝の天気予報</u>によると、今日は<u>いい天気になる</u>ということだ。

_____によると、

_____ということだ。

2 電車で行こう

② うわさによると、田中さんは彼女ができたらしい。

　_____によると、

　_____らしい。

3.「やっぱり／やはり」を使って、下の例のように文を作りなさい。

　例：いろいろ作ってみたが、やっぱりカレーライスがいちばん簡単だ。

　_____

4.（　）の中に「お」か「ご」を入れなさい。

　①（　　）話しください。②（　　）判断ください。③（　　）取りください。
　④（　　）賞味ください。⑤（　　）考えください。⑥（　　）理解ください。

読解練習

次の質問の答えを本文と会話の中から見つけて普通体で書きなさい。

1．田中さんは、前に住んでいた所ではよく電車に乗っていましたか。
_____

2．東京では、車と電車とどちらが便利ですか。
_____

3．田中さんは、どこからどこまで定期券を買いましたか。
_____

4．田中さんは、何か月の定期券を買いましたか。
_____

5．田中さんの家から会社までいちばん安くて速いルートは、どんなルートですか。

武蔵小金井駅から

_____線で、

_____駅まで行って、

_____線に乗り換えて、

新宿三丁目駅まで行くルート

2 電車で行こう

6．田中さんは、定期券をいくらで買いましたか。
_____

7．田中さんが買った定期券は、自動券売機で買えますか。
_____

8．田中さんは定期券代を支給してもらうために、会社に何を持って行きますか。
_____

3 病気になったら

本文

CD 5

　田中広さんは、今日は朝から体の調子がおかしい。朝、起きたとき、頭が痛かった。のども痛いし、少し熱があるようだ。体がだるくて、ちょっと寒気がする。それに、気分が悪くて、少し吐き気がするので、朝ご飯も食べられない。そして、ひざがズキズキ痛い。

　田中さんは、会社を休んで、近くの医者に診てもらうことにした。

　田中さんのアパートの近くには大きい病院はないが、歩いて5分ぐらいの所に小さい診療所がある。受付で、名前を書いて、保険証を出して、症状を伝えると、待合室でしばらく待つように言われた。

　待合室には、子供を連れた母親や、お年寄りが数人待っていた。10歳ぐらいの女の子は、風邪をひいているらしくて、時々せきをしていた。2人のお年寄りは、知り合いらしくて、楽しそうにいろいろな話をしていた。

　40分ぐらいして、田中さんは、名前を呼ばれて診察室に入った。医者は、田中さんにいろいろな質問をした。そして、脈を測ったり、のどの様子を見たり、舌の色を見たり、胸と背中に聴診器を当てたりした。

　医者の診断は、風邪をひいて胃が弱っているということだった。実は、田中さんは、1週間前から少し風邪気味だった。それなのに、前の晩、会社の同僚と酒を飲みに行って、酔っぱらって、カラオケで歌を歌って、夜遅く帰ってきた。酒の飲み

3 病気になったら

すぎ、歌の歌いすぎで、おなかとのどが変になってしまったらしい。頭が痛いのは二日酔いで、ひざが痛いのは、酔っぱらって駅の階段で転んだからだった。

　診察が終わると、医者は、田中さんに今日1日ゆっくり寝ているように言って、薬を出してくれた。

会話

田中　すみません、実は、ちょっと、朝から体の調子が悪いんです。頭とのどが痛くて、寒気がして、体がだるいんです。

受付　では、ここにお名前をお願いします。保険証はお持ちですか。

田中　はい。

受付　では、待合室でいすにかけて、お待ちください。

受付　田中さん、田中広さん。診察室へどうぞ。

医者　どうしましたか。

田中　今朝から、ちょっと、頭とのどが痛くて、寒気がするんですけど。

医者　ちょっと腕を出してください、脈を測りますので。口を大きく開けてください。はい、舌を出して。はい、どうも。胸に聴診器を当てますので、シャツのボタンを外してください。はい、けっこうです。じゃ、すみませんが、ちょっと反対側を向いて、シャツを上げて、背中を出してください。はい、もうけっこうです。シャツを下ろしてください。おなかはどうですか。今朝は、ご飯は食べられましたか。

田中　実は、気分が悪くて、吐き気がするので、食べていないんです。

医者　昨日は、どんな物を食べましたか。

田中　昨日は、焼き鳥を食べて、お酒をたくさん飲みました。その後、カラオケに行きました。

3 病気になったら

医者	そうですか。少し風邪をひいていたところに、たくさんお酒を飲んで、大きな声で歌ったから、風邪がひどくなって、おなかの調子も悪くなったんでしょう。頭が痛いのは、二日酔いですね。
田中	あのう、実は、ひざも痛いんですが。
医者	見せてください。これは、どこかで転んで打ちましたね。おぼえていませんか。
田中	実は、酔っぱらっていて、あまりおぼえていないんですが、駅の階段で転んだかもしれません。
医者	お酒の飲みすぎには気をつけてくださいね。お薬を出しますので、帰ったらすぐに1回分飲んで、今日は家でゆっくり寝ていてください。晩ご飯は軽い物をとって、その後また薬を1回分飲んでください。では、お大事に。
田中	先生、ありがとうございました。

ロールプレイ　　会話文を使ってロールプレイをやってみよう。

タスク　　タスクシートを使って、診療所での会話を作ってみよう。

語彙と表現

本文

調子　頭　痛い　のど　熱がある　だるい　寒気がする
気分が悪い　吐き気がする　ひざ　ズキズキ痛い　診る　病院
診療所　受付　保険証　症状　伝える　待合室　しばらく
母親　お年寄り　風邪をひく　せきをする　知り合い　診察室
脈を測る　舌　胸　背中　聴診器　当てる　診断　胃　弱る
風邪気味　同僚　酔っぱらう　カラオケ　二日酔い　転ぶ
薬　（薬を）出す

会話

腕　反対側　上げる　（背中を）出す　下ろす　焼き鳥　ひどい
どこか　打つ　おぼえている　1回分　（食事を）とる
お大事に　先生

文法と例文

3 病気になったら

1. それに

① 体がだるくて、ちょっと寒気がする。それに、気分が悪くて、少し吐き気がする。

② このレストランは安くておいしい。それに、サービスもいい。

③ コンピューターはいろいろなことに使えて便利だ。それに、このごろコンピューターはずいぶん安くなってきた。

④ このお部屋は新しくてきれいです。それに、ドアはオートロックになっていますし、床はフローリングです。

2.（＊）らしくて

［接続］　＊普通形

　　　　☆「な形容詞＋だ」「名詞＋だ」の「だ」はつかない。

① 女の子は風邪をひいているらしくて、時々せきをしていた。

② 歌を歌いすぎたらしくて、おなかとのどが変になってしまった。

③ 熱があるので赤ちゃんに薬を飲ませたが、苦いらしくて口から出してしまった。

④ この犬はわたしが好きらしくて、わたしを見てしっぽを振っている。

⑤ 2人のお年寄りは友達らしくて、楽しそうにいろいろな話をしていた。

3. 実は

① 実は、気分が悪くて、吐き気がするので、朝ご飯は食べていないんです。

② 「ありがとうございます。焼き鳥5本とビールが1本。全部で千円になります。」
「あのう、すみません。実は、お金を持っていないんです。」

③ 実は、わたし、彼氏がいるんです。

④ 実は、昨日電話したのは、わたしなんですが、留守番電話になっていると緊張して、何も話せなくなってしまうんです。

4. (＊) 気味

[接続]　＊動詞（ます形）

　　　　＊名詞

① 田中さんは、1週間前から少し風邪気味だった。

② わたしはこのごろ不眠症気味で、夜、ベッドに入ってもなかなか眠れない。

③ 吉田「ずいぶん目を近付けて本を読むんですね。」
山下「わたし、暗い所で本を読みすぎて、ちょっと近眼気味なんです。
　　　運転するときは、眼鏡は要らないんですけど。」

④ 仕事の後、うちへ帰る前に必ず焼き鳥屋で一杯飲んじゃうから、最近お酒を飲んでもあんまり酔っぱらわないんですよ。アル中気味かなあ。

⑤ 仕事が遅れ気味でご迷惑をおかけしています。急ぎますのでもう少しお待ちください。

3 病気になったら

5．（＊）ところ

［接続］　＊動詞（普通形の肯定形）

① 風邪をひいていたところに、たくさんお酒を飲んだので、気分が悪くなった。

② ご飯を食べていたところに、友達が長電話をしてきて、料理が冷たくなってしまった。

③ 本に集中していたところに、弟が入って来たから、とてもびっくりした。

④ 村上「もしもし、はい、今メモしますので、ちょっと待ってください。えーと、ペンはどこだろう……、ペンがない、ペンがない……。」

河合「あのう、このペン、落ちてましたけど……。」

村上「あ、わたしのペン！　ありがとうございます。今、ペンがなくて困っていたところなんです。」

⑤ 客　「もしもし、田中ですが、さっき頼んだピザ、まだですか。」

ピザ屋「はい、お待たせしました。今できたところです。今配達に出るところですので、5分ぐらいでそちらに着くと思います。」

文法練習

1−1. 次の文の「それに」の後を完成させなさい。

① 困った。時間がない。お金がない。それに、＿＿＿＿＿＿＿＿＿＿＿＿＿＿＿＿＿＿。

② よし、ポジティブ・シンキングで行こう！　「わたしは、頭がいいし、金持ちだ。それに、＿＿＿＿＿＿＿＿＿＿＿＿＿＿＿＿＿＿＿＿＿＿＿＿。」

1−2.「それに」を使って、文を作りなさい。

＿＿
＿＿

2.「らしくて」を使って、文を作りなさい。

＿＿
＿＿

3.「実は」を使って、文を作りなさい。

＿＿
＿＿

3 病気になったら

4.「ところ（＝ちょうどそのとき）」を使って、文を作りなさい。
_____
_____

読解練習

次の質問の答えを本文と会話の中から見つけて<u>普通体で</u>書きなさい。

1. 朝起きたとき、田中さんは体の調子が変でした。どんな症状でしたか。
   リストに書きなさい。

   ① _____ と _____ が痛い。
   ② _____ がある。
   ③ 体が_____ 。
   ④ _____ がする。
   ⑤ _____ が悪い。
   ⑥ 少し_____ がする。

2. 田中さんは診療所の受付に何を出しましたか。
   _____

3. 田中さんは昨日、何をしましたか。
   _____
   _____
   _____
   _____

3 病気になったら

4．田中さんのひざが痛いのはどうしてですか。
　_____
　_____
　_____

5．田中さんは今日は晩ご飯を食べてもいいですか。
　_____

6．医者は田中さんにいつ薬を飲むように言いましたか。
　_____

4 アルバイト探し

本文

CD 7

　川島美紗紀さんは、今、アルバイトを探している。

　川島さんは四谷にある大学の文学部の2年生で、今19歳だ。家は自由が丘にある。家から大学までは、東急東横線と地下鉄で通っている。乗り換え駅は、渋谷と赤坂見附だ。
　川島さんの希望は、カフェ、喫茶店、パン屋、ケーキ屋でのアルバイトだが、ホテルや旅行関係の仕事もしてみたいと思っている。川島さんのアルバイト探しには条件が三つある。それは、家や大学からあまり遠くないこと、時給が千円以上もらえること、そして、大学の授業があるので、働く時間が自由に決められることだ。
　川島さんは、インターネットのアルバイト募集情報で、条件に合いそうなアルバイトを探してみた。すると、ホテルのレストラン・カフェのスタッフの仕事が二つと、サンドイッチ屋のスタッフの仕事が一つ見つかった。

　一つ目のホテルは、川島さんが大学に行くときに乗り換える赤坂見附の駅から歩いて1分の場所にあって、とても便利だが、仕事の時間帯が合わなかった。朝7時から11時までの仕事や、夕方6時から夜10時までの仕事は、大学生にはちょっときついと思った。

4　アルバイト探し

　もう一つのホテルのアルバイトは、週3日の仕事で、勤務時間を川島さんの希望に合わせてくれそうだったが、大学から家までのルートから外れていたのであきらめた。

　結局、川島さんは、渋谷駅の近くのサンドイッチ屋でアルバイトをすることにした。時給はちょっと安かったが、渋谷は川島さんの乗り換え駅だし、働く日や勤務時間も川島さんの希望通りにしてくれそうだし、未経験者でもできる仕事だったからだ。それから、電話で問い合わせをしたときに、いちばん親切だったのが、このサンドイッチ屋だった。

　川島さんは、翌日面接に行き、次の週の水曜日からアルバイトを始めることにした。

会話

川島　　　　　もしもし、インターネットのアルバイト募集広告を見てお電話したんですが、そちらでは、まだアルバイトを募集していますでしょうか。

ホテル　　　　はい、募集しています。失礼ですが、18歳以上ですか。

川島　　　　　はい、19歳です。

ホテル　　　　では、大丈夫です。仕事は、キッチンの仕事かレストランとカフェのウエイトレスの仕事になります。勤務時間は朝7時から11時までになりますが、いいですか。

川島　　　　　大学があるので、午後3時ごろからの仕事がいいんですが。

ホテル　　　　今、午後の時間はいっぱいです。夜6時から10時までの時間ならありますけど。

川島　　　　　そうですか、じゃ、ちょっと考えさせてください。また後でお電話します。

ホテル　　　　はい。じゃ、お待ちしています。

川島　　　　　もしもし、インターネットでアルバイト募集の広告を見たんですが……。

サンドイッチ屋　ああ、アルバイトですね。まだ募集していますよ。

川島　　　　　あのう、勤務時間のことなんですが、平日の午後でもできますか。

サンドイッチ屋　はい、大丈夫ですよ。時給は朝の方がいいですけど。

川島　　　　　時給は、朝と午後と、どのぐらい違うんでしょうか。

4 アルバイト探し

サンドイッチ屋	失礼ですけど、サンドイッチ屋でアルバイトをした経験はありますか。
川島	いいえ、ありません。
サンドイッチ屋	未経験者の方は、朝6時半から9時までは1,050円、9時過ぎは900円になります。
川島	そうですか。週に3日しか働けないんですけど。水、木、金の、午後3時ごろから7時ごろまででもいいでしょうか。
サンドイッチ屋	それでも大丈夫です。いつからできますか。
川島	できれば、来週から始めたいんですが。
サンドイッチ屋	じゃ、明日面接しますので、履歴書を持って、3時ごろ、お店まで来てください。
川島	はい、わかりました。
サンドイッチ屋	じゃ、3時に待っていますので。わたしは店長の高木です。
川島	あ、どうも。私、川島と申します。よろしくお願いします。失礼します。

ロールプレイ 会話文を使ってロールプレイをやってみよう。

タスク インターネットを使って、アルバイト探しのタスクをやってみよう。

語彙と表現

本文

アルバイト　四谷　大学　文学部　～年生　自由が丘
東急東横線　通う　渋谷　赤坂見附　カフェ　喫茶店
旅行関係　時給　授業　募集(する)　情報　スタッフ
時間帯　きつい　週～日　勤務時間　外れる　あきらめる
結局　希望通り　未経験者　問い合わせ　翌日　面接(する)

会話

募集広告　失礼ですが　18歳以上　キッチン　ウエイトレス
いっぱい　また後で　あのう　平日(⟷休日・土日)　午後
経験　できれば　履歴書　店長　どうも　失礼します

文法と例文

4 アルバイト探し

1．すると

① インターネットでアルバイトを探してみた。すると、ホテルのレストラン・カフェのスタッフの仕事が二つと、サンドイッチ屋のスタッフの仕事が一つ見つかった。

② 時計が12時の鐘を打った。すると、シンデレラの馬車は、かぼちゃになってしまった。

③ いつもうるさい2歳の子供が静かなので見に行った。すると、わたしの住所録に絵をかいていた。

④ 1人が歌い始めた。すると、みんなも歌い始めた。

2．文の中の助数詞の位置　～（が、を、に）一つ

① ホテルのレストラン・カフェのスタッフの仕事が二つと、サンドイッチ屋のスタッフの仕事が一つ見つかった。

② あしたまでの宿題が一つと、来週金曜日締め切りのレポートが二つある。

③ コンビニで缶コーヒーを2本と、ミネラルウォーターを4本買った。

④ わたしの顔には、額に二つ、右目の下に一つ、左のほほに一つほくろがある。

3．～し、～し、（～からだ）

① 渋谷駅の近くのサンドイッチ屋でアルバイトをすることにした。渋谷は乗り換え駅だし、勤務時間も希望通りにしてくれそうだし、未経験者でもできる仕事だったからだ。

② もう、暗くなったし、おなかがすいたから、うちに帰ろう。

③ もう、暗くなったし、帰ろうよ。

④ 車は売っちゃったよ。持っててもあんまり乗らないし。

⑤ カラオケ？　わたし、行かない。歌、下手だし。

4．～になる

① 勤務時間は、朝7時から11時までになります。

② 未経験者の方(かた)は、朝6時半から9時までは1,050円、9時過(す)ぎは900円になります。

③ そちらの靴(くつ)は1万5千円ですが、こちらの靴ですと、2万4千8百円になります。

④ たいへん申(もう)し訳(わけ)ないんですけど、こちらのジーンズは、今、このサイズだけになりますが。

文法練習

4　アルバイト探し

1．この絵の仏像はどんな仏像ですか。
　　助数詞を使って、絵を見ていない人がイメージできるように説明しなさい。

　　_____
　　_____

2．あなたはどうして日本語を勉強しようと思ったのですか。「～し、（～し、）～から」を使って理由を書きなさい。

　　_____
　　_____

3．「すると」を使って、文を作りなさい。

　　_____
　　_____

4．バス会社の人になって、お客さんの質問に「～になる」を使って答えなさい。

　　客　　　　　　　「ちょっと急いでいるんですが、次の山田駅行きは、すぐ来ますか。」
　　バス会社の人　「_____
　　　　　　　　　　_____。」

読解練習

次の質問の答えを本文と会話の中から見つけて普通体で書きなさい。

1．川島さんは、どこに住んでいますか。

2．川島さんの大学はどこにありますか。

3．川島さんは、電車で大学へ行くときは、どこで乗り換えますか。

4．川島さんは、アルバイトでどんな仕事をしたいと思っていますか。

5．川島さんは、アルバイトは、家から遠い所でもいいと思っていますか。

6．川島さんは、週に何日アルバイトができますか。

4 アルバイト探し

7．渋谷のサンドイッチ屋の時給は川島さんの希望通りでしたか。
　　_____

8．川島さんはどうして渋谷のサンドイッチ屋でアルバイトをすることにしたのですか。理由を四つ書きなさい。
　　・_____
　　・_____
　　・_____
　　・_____

9．川島さんは、いつサンドイッチ屋の面接に行きますか。
　　_____

5　緊急事態

本文　CD 9

　一日の内に何度も大変な経験をしてしまう日がある。川島美紗紀さんにとって、今日はそんな日だった。

　大学が終わって、アルバイトに行く途中、川島さんは、地下鉄の駅に向かって歩いていた。川島さんの前を１人のおばあさんが歩いていた。そのおばあさんは、ゆっくり歩いていたが、急に立ち止まって、胸を押さえて、その場に座り込んでしまった。
　川島さんは心配になって、おばあさんに話しかけた。しかし、おばあさんは、何も答えないで目をつぶったまま胸を押さえていた。とても痛そうだった。川島さんは、今度はおばあさんに救急車を呼びたいかどうか聞いた。おばあさんは、苦しそうにうなずいた。川島さんは、携帯電話で119番にかけて、救急車を呼んだ。救急車が来るまで６、７分かかったが、川島さんはそれまでおばあさんのそばにいた。救急車がおばあさんを病院に連れて行った後、川島さんは、地下鉄の駅まで急いだ。アルバイトに遅刻しそうだったからだ。

　地下鉄を降りて渋谷の駅を出て、道を渡ろうとしたとき、川島さんの目の前を１台の車がすごいスピードで走って行った。そのすぐ後で大きな音がした。川島さんが音の方を見ると、さっきの車がもう１台の車とぶつかっていた。交通事故だった。２台の車から運転手が出て来た。２人ともけがはなさそうだったが、どちらもすご

5 緊急事態

く怒っていた。しばらく何かを言い争っていたが、その内に、けんかを始めた。

　川島さんの隣にいた人が、警察に電話した方がいいと言ったので、川島さんは、携帯電話で110番にかけて、警察を呼んだ。すぐにパトカーが来て、警察官が運転手2人のけんかを止めた。川島さんは、警察に通報したので、「目撃者」ということになって、警察官に見たことを話さなければならなかった。

　2時間遅れてアルバイトに行くと、店の前に消防車が3台来ていた。そして、サンドイッチ屋の隣のラーメン屋から煙が出ていた。小さな火事だったが、サンドイッチ屋の店長や店員は、みんな外に避難していた。店長は、川島さんを見ると、今日はもう店を閉めるから、アルバイトはしなくてもいいと言った。

会話

川島　　　　どうしましたか。大丈夫ですか。

おばあさん　…………

川島　　　　胸が苦しいんですか。

おばあさん　（だまって、うなずく）

川島　　　　救急車を呼びましょうか。

おばあさん　（苦しそうに、うなずく）

川島　　　　もしもし、119番ですか。

119番　　　はい、119番です。火事ですか、救急ですか。

川島　　　　救急車をお願いします。道でおばあさんが急に苦しそうになって……胸を押さえて座り込んでしまったんですが。

119番　　　意識はありますか。

川島　　　　あります。

119番　　　わかりました。場所を詳しくお願いします。近くに住居表示がありますか。

川島　　　　はい、千代田区紀尾井町2です。清水谷公園という公園の前です。

119番　　　わかりました。すぐにそちらに向かいますので、救急車が見えたら誘導してください。

川島　　　　はい、わかりました。

5 緊急事態

川島	もしもし、110番ですか。あのう、今、交通事故があって、それから、けんかが始まって……
110番	落ち着いてください。事故ですか、けんかですか。
川島	両方です。ぶつけた車の運転手と、ぶつけられた車の運転手が、けんかしてるんです。
110番	わかりました。場所はどこですか。
川島	渋谷駅の南口の宮益坂下交差点です。
警察官	110番通報したのは、あなたですか。
川島	はい、そうです。
警察官	ちょっと、そのときの様子を話してください。
川島	はい。でも、アルバイトが……
警察官	そんなに時間はかからないと思いますので、お願いします。

ロールプレイ　会話文を使ってロールプレイをやってみよう。

タスク　タスクシートを使って、緊急事態通報タスクをやってみよう。

語彙と表現

本文

緊急事態　〜の内に　何度も　向かう　おばあさん
立ち止まる　押さえる　座り込む　心配(な)　話しかける
目をつぶる　救急車　苦しい　うなずく　携帯電話　119番
遅刻(する)　目の前　すごい　ぶつかる　運転手　けが　怒る
言い争う　その内に　けんか　警察　110番　パトカー
警察官　通報(する)　目撃者　遅れる　消防車　ラーメン屋
煙　火事　避難(する)

会話

どうしましたか　だまる　救急　意識　詳しい　住居表示
誘導(する)　落ち着く　ぶつける　南口　交差点　様子

文法と例文

5 緊急事態

1. 自動詞・他動詞

① 川島さんは、心配になった。

② 川島さんは、救急車を呼んだ。

③ 母　「また、車をぶつけたの？　気をつけなさいよ。」
　　息子「気をつけていても、ぶつかっちゃうんだよ。」

④ 花田「すみません、お金が落ちましたよ。」
　　高松「あ、すみません。わたし、そそっかしいからよくお金を落とすんです。」

⑤ 見て、見て！　あの山の上の雲、見える？

2. 〜てしまう／ちゃう

① 一日の内に何度も大変な経験をしてしまう日がある。

② おばあさんは、胸を押さえて、その場に座り込んでしまった。

③ 昨日、わたしは、見てはいけない物を見てしまいました。

④ え？　食べちゃったの？　それ、おとといのサンドイッチだよ！

⑤ あ〜あ、終電が行っちゃった。

3. 〜にとって

① 川島美紗紀さんにとって、今日はそんな日だった。

② インドへの旅行は、わたしにとって、いい人生経験になった。

4．(＊) そう [様態]

[接続]　＊ 動詞（ます形）

　　　　＊ い-形容詞（語幹）

　　　　＊ な-形容詞（語幹）

　　　　・（〜）ない→（〜）なさそう

　　　　☆ 名詞

　　　　　　肯定形で使用するときには「そう」は使えない。

　　　　　　その代わりに「らしい」「のようだ」「みたい」を使う。

　　　　　　「ない」を付けて否定形で使うときには「〜じゃなさそう／ではなさそう」という形で「そう」を使うことができる。

① アルバイトに遅刻しそうだった。

② 犬は、食べたそうに舌を出している。

③ とても痛そうだった。

④ 2人ともけがはなさそうだったが、どちらもすごく怒っていた。

⑤ あの人は元気そうだ。

⑥ あの人は病気そうだ。(✕)　→　あの人は病気らしい。(◯)

⑦ あの人は病気じゃなさそうだ。

5　緊急事態

5．(＊) とする

[接続]　＊動詞（意志形）

① 道を渡ろうとしたとき、川島さんの目の前を車がすごいスピードで走って行った。

② 空いている席に座ろうとしたとき、そこが優先席だと気がついた。

③ そのケーキを食べようとしたら、変なにおいがしたので食べるのをやめた。

④ あくびをしようとしたら地震が来たので、あくびが止まってしまった。

⑤ 姉　　「ねえ、健太君……」

　　健太　「ちょっと待って、今忙しいんだ。」

　　　（10分後）

　　健太　「お姉ちゃん、さっき何か言おうとした？」

　　姉　　「うん。ケーキ食べる？って聞こうとしたんだけど、もういいよ。
　　　　　わたしが全部食べちゃったから。」

文法練習

1. 下線部の動詞は自動詞ですか、他動詞ですか。自動詞には（自）、他動詞には（他）の字を入れなさい。

    ① 川島さんは、心配になって（　　）、おばあさんに話しかけた。

    ② しかし、おばあさんは、何も答えないで、目をつぶったまま胸を押さえていた（　　）。

    ③ 川島さんは、今度はおばあさんに救急車を呼びたいかどうか聞いた（　　）。

    ④ おばあさんは、苦しそうにうなずいた（　　）。

2. 「後悔」「残念」「恥ずかしい」などの気持ちを表す文を「～てしまう／ちゃう」を使って書きなさい。

    例「わたし、お酒を飲むと、顔が真っ赤になっちゃうんです。」

5 緊急事態

3．例を見て、下線部の意味を考え、（　）の中にAかBを入れなさい。

　　例　山田さんはケーキが好きだそうです。（A）
　　　　あのケーキ、おいしそうですね。（B）

　①川島さんはアルバイトに遅刻しそうだった。（　　　）
　②川島さんは渋谷でアルバイトしているそうだ。（　　　）
　③おばあさんは苦しそうにうなずいた。（　　　）
　④おばあさんは胸が苦しいそうだ。（　　　）
　⑤天気が悪くなって雨が降りそうだ。（　　　）
　⑥救急車はすぐ来るそうだ。（　　　）

4．次の文の前半を書いて、文を完成させなさい。

　_____としたとき、
大きな音がして、びっくりしました。

読解練習

次の質問の答えを本文と会話の中から見つけて普通体で書きなさい。

1. 川島さんが地下鉄の駅に向かっていたとき、川島さんの前をだれが歩いていましたか。

---

2. その人は、急にどうしましたか。

---

3. 川島さんは救急車を呼ぶために、携帯電話で何番にかけましたか。

---

4. 電話してから救急車が来るまで、何分ぐらいかかりましたか。

---

5. 川島さんは、渋谷の駅前の交差点で、何を見ましたか。

---

6. 2台の車の運転手はけがをしましたか。

---

5 緊急事態(きんきゅうじたい)

7. 川島さんは、警察(けいさつ)を呼ぶために何番に電話しましたか。
_____

8. 川島さんは、アルバイトに遅刻(ちこく)して、店長(てんちょう)に怒(おこ)られましたか。
_____

9. それはどうしてですか。
_____

6 旅行に行こう

本文

CD 11

　川島美紗紀さんは、大学の友人2人と国内旅行に行く計画を立てている。3人とも忙しいので、長い休みは取れない。3日間ぐらいの予定で旅行したいと考えて、話し合っているのだが、どこに行くか、なかなか決められない。

　川島さんは、食べることが好きなので、食べ物のおいしい所に行きたいと思っている。友人の寺田優佳さんは、自然が好きなので、きれいな山や湖を観光したり、温泉に入ったりしたいと言っている。もう1人の友人の吉井詠美さんは、文化的な物が好きなので、伝統的な文化や美術が見られる場所がいいらしい。
　3人でいろいろ旅行のパンフレットを集めて考えたが、決まらないので、旅行代理店に相談することにした。

　旅行代理店に行くと、店の人に、まず、団体旅行がいいか個人旅行がいいか聞かれた。団体旅行の場合は、ツアーに入って旅行することになる。添乗員が付くので、移動や宿泊など、旅行中のことは、全部添乗員に任せることができる。しかし、団体旅行では、時間や行き先など、行動の自由度が低い。
　一方、個人旅行の場合は、乗り物と宿泊の予約だけを旅行代理店にしてもらって、後は、ほとんど全部自分たちで計画を立てることになる。自由度は高いが、面倒も多い。

6 旅行に行こう

　川島さんたちは、個人旅行にすることにした。パッケージ・ツアーを利用するので、旅行の日程は変えられないが、安いのは魅力的だった。

　旅行代理店の店員は、川島さんたちの希望を聞いて、九州の高原にある由布院という観光地への旅行を提案してくれた。由布院には、きれいな風景や温泉もあるし、美術館などの文化的な施設もたくさんある。ホテルの食事もおいしそうだ。

　福岡までは飛行機で行き、そこから由布院まではＪＲの特急を使う。パッケージ・ツアーを使うと、飛行機、電車、ホテルをばらばらに予約するよりも２万円ぐらい安くなるらしい。

会話

店員 いらっしゃいませ。

川島（かわしま） あのう、3月10日から、2日間ぐらいで旅行に行きたいんですが。

店員 3月の10日ですね。もう、どちらの方に行くかお決まりですか。

川島 いいえ、まだです。

店員 どのようなご旅行がご希望でしょうか。団体旅行のツアー、個人旅行のパッケージ、いろいろございますが。

川島 個人旅行をお願いします。時間に縛られるのは嫌なので。とにかく、自然がたくさんあって、文化的な物も見られて、おいしい物が食べられるような旅行がいいと思っているんですが。

店員 それでしたら、九州の由布院はいかがでしょうか。今なら、2泊3日のお得なパッケージがあります。飛行機、電車、宿泊と、お食事が4回付いています。3月10日のご出発ですと、49,800円になります。

寺田（てらだ） そのパッケージは安いんですか。

店員 はい。普通に予約しますと、全部で7万円ぐらいかかりますので、このパッケージは2万円以上お得になっています。

寺田 福岡まで飛行機をやめて新幹線にしたら、もっと安くなりませんか。

店員 申し訳ありませんが、このパッケージでは、新幹線の設定はございません。それに、新幹線だと福岡の博多まで5時間かかりますが、飛行機ですと、待ち時間を入れても2時間半ですから、1日が有効に使えていいと思いますよ。

吉井（よしい） 由布院というのは、どういう所ですか。

店員 はい、由布院というのは、大分県にある観光地で、高原にあって、温

6 旅行に行こう

　　　　　泉もありますし、きれいな景色を見ながらハイキングやサイクリングもできます。それから、美術館もたくさんありますし、工芸品や骨董品の店もあります。

吉井　　宿泊は？

店員　　いいホテルですよ。場所は、JRの由布院駅から歩いて1分です。ホテルで自家製のハムとパンを作っていますので、朝ご飯はおいしいですよ。お部屋は、和室、洋室から選べますが……、えーと、ちょっとお調べしてみますね。……あ、申し訳ありません。今は、洋室はいっぱいで、和室のみになってしまうんですが、お客様は、和室でもよろしいでしょうか。

川島　　はい、けっこうです。
　　　　　じゃ、それで3名、お願いします。

店員　　ありがとうございます。

ロールプレイ　　会話文を使ってロールプレイをやってみよう。

タスク　　旅行検索サイトを使って、条件に合った旅行を検索してみよう。

語彙と表現

本文

友人　国内旅行　計画を立てる　〜とも　予定　話し合う
自然　観光(する)　温泉　文化的(な)　伝統的(な)　美術
旅行代理店　団体旅行　個人旅行　添乗員　移動(する)
宿泊(する)　任せる　行き先　行動(する)　自由度　一方
乗り物　予約(する)　面倒　パッケージ・ツアー　日程
魅力的(な)　九州　高原　由布院　観光地　提案(する)
風景　美術館　施設　食事　福岡　特急　ばらばら

会話

決まる　時間に縛られる　とにかく　それでしたら　〜泊
お得(な)　設定　待ち時間　有効(な)　大分県　景色
ハイキング　サイクリング　工芸品　骨董品　自家製　〜のみ
〜名

文法と例文

6 旅行に行こう

1. 敬語表現

① もう、どちらの方に行くかお決まりですか。(尊敬)
② どのようなご旅行がご希望でしょうか。(尊敬)
③ 九州の由布院はいかがでしょうか。(丁寧)
④ 申し訳ありませんが、このパッケージでは、新幹線の設定はございません。(丁寧)
⑤ ちょっとお調べしてみますね。(謙譲)

2. お（＊）です／ご（＊＊）です

[接続]　＊5段動詞／1段動詞（ます形）

　　　＊＊する動詞（名詞＋する）の名詞部分

① もう、どちらの方に行くかお決まりですか。
② 首相がご到着です。
③ どのようにお考えですか。
④ どのようなご旅行がご希望でしょうか。
⑤ お客様は、切符はお持ちでしょうか。

3. 可能表現

1 動詞の可能形

　　5段動詞 → 命令形＋る

　　1段動詞 → ます形＋られる（ます形＋れる［話し言葉・ラ抜き］）

　　する動詞 → （〜）できる

　　来る　　 → 来られる（来れる［話し言葉・ラ抜き］）

2 動詞（辞書形）＋ことができる

　　☆「見える」「聞こえる」「わかる」には、もともと可能の意味が含まれているので、可能表現にはしない。

　　　×見えられる　　×見えることができる
　　　×聞こえられる　×聞こえることができる
　　　×わかれる　　　×わかることができる

① この川の水は飲めます。（5段動詞）

② 忙しいので、長い休みは取れません。（5段動詞）

③ 伝統的な文化や美術が見られる所に行きたいです。（1段動詞）

④ 「この肉、まだ食べられますか。」（1段動詞）

⑤ 「この肉、まだ食べれるかな。」（1段動詞［話し言葉・ラ抜き］）

⑥ このびんのふたが、かたくて開けられないんです。（1段動詞）

⑦ このびんのふた、かたくて開けれないよ。（1段動詞［話し言葉・ラ抜き］）

⑧ わたしはテニスができます。（する動詞）

⑨ あしたのパーティー、来られますか。（来る）

6 旅行に行こう

⑩ たいていの日本人は、英語を読むことができます。(すべての動詞)

4．(＊)ことになる

[接続] ＊動詞（普通形現在）

① 団体旅行では、ツアー・グループに入って旅行することになる。
② 個人旅行では、全部自分たちで計画を立てることになる。
③ お酒を飲んで車を運転して、警察に捕まったら、免許をなくすことになります。
④ 保険に入っていないと、海外旅行中の病気には高いお金を払うことになりますよ。
⑤ この４月から社内ではたばこが吸えないことになる。

5．(＊)ことにする

[接続] ＊動詞（普通形現在）

① 旅行代理店に相談することにした。
② 川島さんたちは、個人旅行にすることにした。
③ 田中さんの会社は新宿にあるので、ＪＲ中央線の沿線で部屋を探すことにした。
④ 田中さんは、会社を休んで、近くの医者に診てもらうことにした。
⑤ 結局、川島さんは、渋谷駅の近くのサンドイッチ屋でアルバイトをすることにした。
⑥ 牧田「松村君、彼女にふられたんだって？」
　 松村「うん。僕はもう恋はしないことにした！」

文法練習

1．（　）の中に適当な言葉を入れて可能表現を使った文を完成させなさい。

① 山田　「雨ですねえ。あした、テニスは（　　　　）ますかねえ。」
　　田中　「だめかもしれませんね。山田さん、あさってはどうですか。」
　　山田　「あさっては、仕事を休（　　　　）ないんですよ。
　　　　　　あした、晴れないかなあ。」

② 川島　「おいしそう！　これ、もう食べ（　　　　）の？」
　　寺田　「それは、まだ焼けてないから、だめよ。」
　　川島　「おなかがすいて、もう待（　　　　）ないよー。」

③ 飛行機の中では、たばこを吸う（　　　　　　　　　）ません。

2．次の日本語に続けて「～になる」を使って警告・予告の文を作りなさい。

① 早くしないと……（警告）
_____

② 今勉強しておかないと……（警告）
_____

③ 来週から工事が始まりますので……（予告）
_____

6 旅行(りょこう)に行(い)こう

3.「〜にする」の過去形(かこけい)「〜にした」を使ってあなたが自分で決(き)めたことを書きなさい。

_____
_____
_____

読解練習

次の質問の答えを本文と会話の中から見つけて普通体で書きなさい。

1. 川島美紗紀さんたちは何日間ぐらいの予定で旅行したいと考えていますか。

   それはどうしてですか。

2. 川島さんの友人の寺田さんは、旅行でどんなことがしたいと言っていますか。

3. 3人は、旅行の予定を決めるために、だれに相談することにしましたか。

4. 団体旅行のいい点は何ですか。

5. 個人旅行のいい点は何ですか。

6 旅行に行こう

6．川島さんたちが決めた旅行の行き先はどこですか。
___

その旅行のパッケージはいくらで、何が付いていますか。
___

その旅行のパッケージは、普通に予約するよりどのくらいお得ですか。
___

7．文化的な物が好きな吉井詠美さんは、この旅行でどんなことができますか。
___

8．川島さんたちが泊まるホテルの部屋は、和室ですか、洋室ですか。
___

7 暑中見舞い

本文

CD 13

　田中広さんは、今、暑中見舞いを書くのに忙しい。

　田中さんは、今年の4月から東京の会社で働き始めた。以前は東京に知っている人がいなかったが、4か月の間に仕事上の知り合いや友人も増えてきた。また、高校時代や大学時代の友人はたくさんいるが、それぞれいろいろな場所で仕事をしているので、普段はあまり会うことがない。普段からEメールをやり取りしている友人もいるが、暑中見舞いと年賀状は、やはり、はがきで出したい。特に、仕事で知り合った人たちは、これからもビジネスで付き合っていくかもしれないので、こういう季節のあいさつは大切だ。

　田中さんは、郵便局へ行って、暑中見舞い用の絵の付いたはがきを買って来た。普段、あまり連絡を取っていない人たちや、仕事上の付き合いの人たちへの暑中見舞いには、このはがきが無難だ。
　暑中見舞いの文面は簡単だ。たいていは、大きな文字で、「暑中お見舞い申し上げます」と書くだけだが、そのほかに、自分の近況を数行付け加えることが多い。田中さんは、まだ社会人になったばかりで、敬語があまり上手ではないので、間違えないように気をつけながら書いた。

7 暑中見舞い

「ご無沙汰しております。いかがお過ごしでしょうか。私の方は、東京での生活にもだんだん慣れてきました。」

封書と違って、はがきの場合は、相手の住所と名前、自分の住所と名前は、全部表に書く。右から、相手の住所（あて先）、相手の名前、自分の住所、自分の名前の順番だ。相手の名前の所に、家族全員の名前を書くこともできるが、そのときは全員の名前に「様」を付けなければならない。それから、自分の住所と名前は、相手の名前より一段下げて、小さく書くのが礼儀だ。

田中さんは、親しい友人や、いつもメールで連絡を取り合っている人たちには、インターネットのカードサービスから、暑中見舞いのカードを送ることにした。

会話

CD 14

田中	すみません、暑中見舞い用のはがきはありますか。
郵便局員	はい、ございます。こちら、海の絵と花の絵の2種類ございますが、どちらがよろしいでしょうか。
田中	海の絵の方を50枚お願いします。
郵便局員	はい、少々お待ちください。そうしますと、50円のはがきが50枚、全部で2,500円になります。 以上でよろしいでしょうか。
田中	はい。

田中 広の母	はい、田中でございます。
田中広	もしもし、僕だけど。
母	ああ、広? どうしたの?
広	今、大学時代の先生に暑中見舞いを書いてるんだけど、「久しぶり」って、敬語でどう言うのか、お母さん、知ってる?
母	「ご無沙汰しております」でしょ?
広	あ、そうか。「お久しぶりです」じゃだめなの?
母	親しい人にだったらいいけど、大学の先生みたいな人に丁寧に書くときはだめよ。
広	あと、「お元気ですか」って書きたいんだけど。

7 暑中見舞い

母	それなら「いかがお過ごしでしょうか」じゃない？
広	「元気にしておりますか」はだめかな？
母	だめよ。「おります」は謙譲語だから、自分のことに使うのよ。相手の人に使っちゃだめ。尊敬語と謙譲語を間違えたら、失礼よ。
広	そうか。
母	広は何にも知らないのね。大学で教えてもらわなかったの？
広	大学じゃ、そんなこと、教えないよ。専門の勉強ばっかりだから。
母	でも、それじゃ、仕事のときに困るでしょう。お客様とか、ほかの会社の人とは、ちゃんとお話できるの？
広	うん、時々、先輩から注意されるよ。
母	だめねえ、頑張りなさいよ。
広	わかってるよ。じゃ、電話切るからね。

ロールプレイ 会話文を使ってロールプレイをやってみよう。

タスク タスクシートを使って、暑中見舞いを書いてみよう。
電子カードを送るウェブサイトで友人にカードを送ってみよう。

語彙と表現

本文

暑中見舞い　以前　仕事上の　知り合い　友人　普段
やり取り　年賀状　やはり　はがき　ビジネス　付き合う
季節のあいさつ　郵便局　～用　連絡を取る　無難(な)
文面　近況　数行　付け加える　ご無沙汰しております
いかがお過ごしでしょうか　慣れる　封書　表(⟷裏)
あて先　順番　一段下げる　礼儀　親しい

会話

ございます　どちら　よろしい　以上でよろしいでしょうか
大学時代　久しぶり　敬語　丁寧(な)　謙譲語　尊敬語
失礼(な)　そうか　専門　～ば(っ)かり　先輩　注意(する)
頑張りなさいよ　わかってるよ　電話(を)切る

文法と例文

7 暑中見舞い

1．(＊)に忙しい

[接続]　＊動詞（辞書形）＋の
　　　　＊名詞

① 田中広さんは、今、暑中見舞いを書くのに忙しい。
② 山中さんは、毎日試験勉強に忙しい。
③ 春になった。鳥は、みんな子育てに忙しそうだ。
④ 山田さんに何を頼んでも無理ですよ。今は絵をかくのに忙しくて、ほかのことは考えられないみたいだから。

2．〜てきた

① 4か月の間に仕事上の知り合いや友人も増えてきた。
② 私の方は、東京での生活にもだんだん慣れてきました。
③ このごろ仕事上の付き合いが多くて、お酒に強くなってきた。
④ 大変だ！　太ってきちゃった！　運動しなきゃ！
⑤ 山下　「暑くなってきましたねえ。」
　　田中　「いよいよ夏ですねえ。」
　　山下　「ビールのおいしい季節になってきましたねえ。」
　　田中　「今晩、行きますか。ビアガーデン！」
⑥ 坂本　「登りがきつくなってきましたね。大丈夫ですか。」
　　田辺　「ちょっと疲れてきました。この辺で一休みしてもいいですか。」

3．〜ていく

① これからもビジネスで付き合っていくかもしれないので、こういう季節のあいさつは大切だ。
② これからは、平和（へいわ）な世界になっていってほしい。
③ わたしは、今年大学を卒業（そつぎょう）しますが、卒業してからも日本語の勉強を続（つづ）けていきたいと思います。
④ これからは子育てのために休みを取（と）る男性（だんせい）がだんだん増えていくだろう。

4．（＊）ばかり

［接続］　＊動詞（た形）

① 田中さんは、まだ社会人（しゃかいじん）になったばかりで、敬語（けいご）があまり上手ではない。
② 森（もり）　「田中さん、昼ご飯を食べに行きませんか。」
　　田中　「実（じつ）は、さっき遅（おそ）い朝ご飯を食べたばかりで、まだおなかがすいていないんです。」
③ 山口（やまぐち）　「あれ？　川島（かわしま）さんは？　もう帰っちゃったの？」
　　池田（いけだ）　「川島さんは、今出て行ったばかりだから、まだその辺（へん）にいると思うよ。」

5．Aと違（ちが）って、B（の場合）は

① 封書（ふうしょ）と違って、はがきの場合は、相手（あいて）の住所と名前、自分の住所と名前は、全部（ぜんぶ）表（おもて）に書く。
② 田舎（いなか）と違って、大きな都会（とかい）は電車が便利（べんり）だ。
　　大きな都会は、田舎と違って電車が便利だ。

③ 山田「きれいな部屋ですねえ。よく掃除しているんでしょう。」
　加藤「家内がきれい好きなんです。僕は家内と違って、掃除は苦手なんですが。」

6．けど／が

① もしもし、僕だけど。
② 今、大学時代の先生に暑中見舞いを書いてるんだけど、「久しぶり」って、敬語でどう言うのか、お母さん、知ってる？
③ あしたみんなでビール飲みに行くんだけど、田中さんも行く？
④ 先生、あした締め切りのレポートですが、もう1週間待っていただけませんか。
⑤ あのう、昨日電話で話したパーティーのことなんですが、わたし、やっぱり行くのやめます。

7．あと

① あと、「お元気ですか」って書きたいんだけど。
② 久保田「えーと、パーティーの飲み物は、ビールと、ワインと、ウイスキーと……。」
　佐々木「あと、ソフトドリンクもあった方がいいね。」
③ お金は持った。家のかぎも持った。あと、えーと、携帯も持たなくちゃ。じゃ、行ってきます。

文法練習

1. 「～に忙しい」を使って、文を三つ作りなさい。

   ・_____

   ・_____

   ・_____

2. 「～てきた」を使って、文を完成させなさい。

   ① 今まで_____
   _____

   ② このごろ_____
   _____

3. 「～ていく」を使って、文を完成させなさい。

   ① これから_____
   _____

   ② これからも_____
   _____

7 暑中見舞い(しょちゅうみまい)

4.「〜たばかり」を使って文を二つ書きなさい。

　　・＿＿＿＿＿＿＿＿＿＿＿＿＿＿＿＿＿＿＿＿＿＿＿＿＿＿＿＿＿＿＿＿

　　・＿＿＿＿＿＿＿＿＿＿＿＿＿＿＿＿＿＿＿＿＿＿＿＿＿＿＿＿＿＿＿＿

5.「〜と違(ちが)って、〜（の場合）は」を使って文を書きなさい。

＿＿＿＿＿＿＿＿＿＿＿＿＿＿＿＿＿＿＿＿＿＿＿＿＿＿＿＿＿＿＿＿＿＿＿
＿＿＿＿＿＿＿＿＿＿＿＿＿＿＿＿＿＿＿＿＿＿＿＿＿＿＿＿＿＿＿＿＿＿＿
＿＿＿＿＿＿＿＿＿＿＿＿＿＿＿＿＿＿＿＿＿＿＿＿＿＿＿＿＿＿＿＿＿＿＿

読解練習

次の質問の答えを本文と会話の中から見つけて<u>普通体で</u>書きなさい。

1．田中さんは、今、何をするのに忙しいですか。

2．田中さんは、高校時代や大学時代の友人とよく会いますか。

3．田中さんは、敬語が上手ですか。

4．はがきの場合、住所と名前の書き方は、封書と同じですか。

5．田中さんは親しい友人にどうやって暑中見舞いを送りますか。

6．田中さんはどんな暑中見舞いのはがきを何枚買いましたか。

7 暑中見舞い

7.「お元気ですか」を丁寧に書きたいときは何と書きますか。

8.「おります」は尊敬語ですか、謙譲語ですか。

9. 田中さんは、お母さんと話すときに敬語を使いますか。

10. それはどうしてだと思いますか。

8 ごみは分けて出そう

本文　CD 15

　朝、田中広さんが会社へ行こうとして、マンションの玄関まで来ると、出口の所に古新聞や古雑誌が積み上げてあった。

　田中さんは、今日が水曜日だということを思い出した。水曜日は、古紙回収の日だ。

　田中さんは、大急ぎで部屋に戻って、古新聞や古雑誌など、紙のごみを集めて、ひもで縛って、古紙置き場まで持って行った。

　東京のような大きな都会では、ごみの問題が深刻になっている。田中さんが住んでいる小金井市でも、リサイクルできないごみは、燃やしたり埋めたりしているが、資源ごみはできるだけ集めてリサイクルすることになっている。

　古新聞や牛乳の紙パックは、再生されて、また紙の製品になるし、アルミ缶やスチール缶、ガラス瓶やペットボトルもリサイクルできる。また、冷蔵庫や洗濯機など、電気製品のごみは、捨てる人が自分でお金を払って、リサイクル処理業者に取りに来てもらうことになっている。

　田中さんが束ねた紙のごみを持って行って、古紙置き場に置こうとしたとき、マンションの管理人さんに注意された。田中さんのごみの中に、ファックス用の感熱紙が入っていたからだ。管理人さんによると、感熱紙のような特殊な紙は、再生

8 ごみは分けて出そう

できないので、燃やすごみとして捨てなければならないそうだ。

　ごみを捨てるときには、ほかにもいろいろ規則がある。例えば、ペットボトルを捨てるときには、ボトルの中を洗ってから捨てなければならないし、ボトルに付いてきたキャップは、外して別の場所に捨てなければならない。

　田中さんは、リサイクルに協力したり、ごみを少なくすることには賛成だが、ごみを種類別に分けて捨てるのは、面倒なので大変だと思っている。

会話

管理人 あ、ちょっと、田中さん。

田中 はい。

あ、管理人さん、おはようございます。

管理人 その紙の束、何ですか。

田中 これですか。要らなくなったファックス用紙です。

管理人 ファックス用紙はね、古紙の回収日には出せないんですよ。燃やすごみの日に出してください。

田中 え？　だめなんですか。

管理人 ファックス用紙みたいな特殊な紙は、化学物質がたくさん入っているので、紙として再生できないんですよ。

それから、その牛乳の紙パック、箱の形のままじゃ、だめですよ。ちゃんと、洗って、開いて、乾かして、重ねて出してください。そうしないと、業者が持って行ってくれないから。

田中 わかりました。

管理人 それから、田中さん。

田中 はい。

管理人 この前、カメラのボタン電池をごみの中に入れて捨てたのは、田中さんですか。

田中 はい、わたしです。

管理人 電池は有害ごみの扱いだから、気をつけてください。乾電池やボタン電池は電気屋さんかカメラ屋さんに持って行けば、捨ててもらえるから、今度からはそうしてください。

8 ごみは分けて出そう

田中	はい。そうします。
管理人	市から来ている広報を読めば、ごみの分別のし方が書いてあるから。
田中	はい。……でも、なくしちゃって……。すみません。小金井市のウェブページを見れば、わかると思いますので、見ておきます。
管理人	何でもいいから、見ておいてくださいよ。まあ、わたしもこんなにうるさく言いたくはないんだけど、これが仕事だから。
田中	はい、わかります。今度から気をつけます。

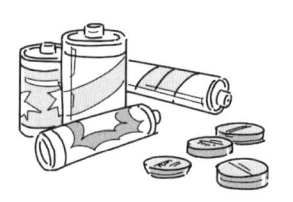

ロールプレイ 会話文を使ってロールプレイをやってみよう。

タスク タスクシートを使って、ごみの種類と捨て方を調べるタスクをやってみよう。

語彙と表現

本文

玄関　出口　古新聞　古雑誌　積み上げる　古紙　回収(する)
ひも　縛る　置き場　都会　深刻(な)　リサイクル(する)
燃やす　埋める　資源ごみ　パック　再生(する)　製品
アルミ缶　スチール缶　ガラス瓶　ペットボトル　洗濯機
電気製品　捨てる　処理業者　束ねる　管理人さん
注意(する)　ファックス　～用　感熱紙　特殊(な)　規則
キャップ　外す　協力(する)　賛成(する)(←→反対(する))
種類別　分ける　面倒(な)

会話

束　え？　化学物質　～まま　ちゃんと　洗う　開く　乾かす
重ねる　業者　ボタン電池　有害ごみ　扱い　乾電池　広報
分別(する)　ウェブページ

文法と例文

8 ごみは分けて出そう

1．（＊）ということを思い出す／忘れる

［接続］　＊普通形

☆ 動詞、形容詞の場合は「という」が省略できる。

☆ 「こと」の代わりに「の」を使うこともできる。

① 田中さんは、今日が水曜日だということを思い出した。

② 大学のレポートの締め切りがあしただということを、わたしはすっかり忘れていた。

③ 道路を渡るときは、車は速いということを忘れないでください。

④ 田中さんは、車を買わなければならないと思っていたが、東京では電車が便利だということを忘れていた。

⑤ 久しぶりに杉山さんに会ったとき、杉山さんにお金を借りていたことを思い出した。

2．二つの「また」

1　また　（もう一度）

① 古新聞や牛乳のパックは、再生されて、また紙の製品になる。

② さようなら。じゃ、また会いましょう。

③ また来てくださいね。

④ 山田「ねえ、田中さん、ラーメン食べに行かない？」

　　田中「またラーメン？　もうラーメンはやめようよ。」

2　また　（付け加え）

① ガラス瓶やペットボトルもリサイクルできる。また、冷蔵庫や洗濯機など、電気製品のごみは、捨てる人が自分でお金を払って、リサイクル処理業者に取りに来てもらうことになっている。

② 日本では、犬や猫を飼っている人が多い。また、最近では、ヘビやワニなどの危険な動物をペットにしている人も多い。

③ 日本では、相撲や柔道など伝統的なスポーツが人気があるが、野球、サッカー、スノーボードなど、西洋のスポーツもまた人気がある。

3．〜。〜からだ。

① 田中さんは管理人さんに注意された。田中さんのごみの中にファックス用の感熱紙が入っていたからだ。

（田中さんのごみの中にファックス用の感熱紙が入っていたから、田中さんは管理人さんに注意された。）

② 久保田さんは、今、毎日アルバイトをしている。年末に友達とヨーロッパに旅行に行きたいのだが、最近バイクを買ってしまったので、お金が全然ないからだ。

8 ごみは分けて出そう

4．〜のような（＊）（〜みたいな（＊）[話し言葉]）
　　〜のように（＊＊）（〜みたいに（＊＊）[話し言葉]）

[接続]　　＊ 名詞
　　　　＊＊ 動詞、い-形容詞、な-形容詞

① 東京のような 大きな都会では、ごみの問題が深刻になっている。
② 東京のように おもしろい文化がある所には、人がたくさん集まって来る。
③ 吉田　「島田さんみたいな 人、見たことないよ。」
　　林　「どういう意味？」
　　吉田　「島田さんみたいに おもしろい人は、見たことがないという意味だよ。
　　　　あの人といると、いつも笑っちゃうんだ。」

5．ちょっと

① 管理人「ちょっと、田中さん。」
　　田中　「はい、何でしょうか。」
② ちょっと、あなた、わたしの足、踏んでますよ。
③ ちょっと、ちょっと、すみません。今、お時間ありますか。簡単なアンケートなんですけど、お願いできませんか。

文法練習

1−1.「今、思い出したこと」を書きなさい。

_____

1−2.「最近まで忘れていたこと」を書きなさい。

_____

2．次の「また」の意味は「1　もう一度」ですか、「2　付け加え」ですか。
　　（　　）の中に番号を書きなさい。

① ニュージーランドはきれいな国ですね。また行きたいと思います。（　　　　）

② カナダもまたきれいな国ですね。（　　　　）

③「また車が壊れちゃった。」（　　　　）

④「車を直すのに、またたくさんお金がかかっちゃうよ。」（　　　　）

⑤ わたしの車はよく壊れるのでお金がかかる。また、わたしの家も古いので、あちこち壊れてお金がかかる。（　　　　）

8 ごみは分けて出そう

3．最初の文で結果や結論を言い、後の文で理由を言う言い方の文を自分で作って書きなさい。

結果／結論文 _____
_____

理由文 _____
_____

4．次の会話文の_____に適当な言葉を入れなさい。

わたし　「わたしは日本に来るまで、_____のような物は知りませんでした。」
住田　　「どういう意味ですか。」
わたし　「_____のように_____
_____
という意味です。」

読解練習

次の質問の答えを本文と会話の中から見つけて<u>普通体</u>で書きなさい。

1．田中さんのマンションでは古紙回収は何曜日ですか。

_____

2．東京ではアルミ缶はリサイクルできますか。

_____

3．東京では電気製品のごみを捨てるときにはどうしますか。

_____

4．ファックスの感熱紙はリサイクルできますか。

_____

5．ペットボトルはキャップを付けたまま捨ててもいいですか。

_____

6．小金井市では乾電池はどんなごみとして扱いますか。

_____

8 ごみは分けて出そう

7．あなたは、田中さんのマンションの管理人さんは意地悪な人だと思いますか。
　理由も書いてください。
_____
_____

8．田中さんは資源ごみのリサイクルに協力することについてどう思っていますか。
_____

9 苦情

本文　CD 17

　川島美紗紀さんがアルバイトしている渋谷のサンドイッチ屋では、お客さんに満足してもらえるように、普段から気をつけているが、時々お客さんからの苦情がある。

　昨日は、男の人から店に電話があって、店で買ったサンドイッチを家に帰って食べようとしたら、注文した物と袋に入っていた物が違っていたと言われた。野菜サンドを注文したのに、袋に入っていたのはハムサンドだったらしい。そのお客さんが注文したときには、店が込んでいて忙しかったので、店員がレジの所で間違えて、隣のお客さんが注文したサンドイッチを、そのお客さんに渡してしまったのかもしれない。
　店長が電話に出て、そのお客さんによく謝って、この次にそのお客さんが来店したときには、好きなサンドイッチと飲み物を無料でさしあげることにして許してもらった。

　これとは反対に、店の方が客に苦情を言うときもある。しかし、店は、お客さんを大切にしたいので、怒らせないように気を使う。

9 苦情

　今日は、店の中に犬を抱いて入って来た女の人がいた。犬は、時々ほかのお客さんに向かってほえていた。店のパンは全部セロハンの袋に入っているので犬の毛が付く心配はないが、ほえたりすると、ほかのお客さんに迷惑がかかる。店長は、できるだけやわらかい言い方でそのお客さんに注意して、犬を店の外に出してもらった。
　ところが、今度は、若い男の人が店の中に入って来て、苦情を言った。その男の人がスケートボードで店の前を通ったら、外で待っていた犬が、スケートボードにかみついたのだそうだ。
　女の人は、男の人に謝らないで、店のせいにした。店長が犬を外に出すように言わなかったら犬もスケートボードにかみつかなかったというのが、その理由だ。結局2人とも怒って出て行ってしまった。店長は困った顔をしていたが、ほかのお客さんたちは笑っていた。

　川島さんは、相手の気分を悪くしないように苦情を言うのは本当に難しいと思った。

会話

電話　もしもし、さっきお宅でサンドイッチを買った者なんですけど、家へ帰って来て、食べようと思って、袋を開けてみたら、違うのが入っていたんですけど……。

店長　そうですか、どうも申し訳ございませんでした。

電話　野菜サンドを買ったはずなのに、ハムサンドが入ってたんですけど、わたしは菜食主義だから、ハムサンドは、ちょっと食べられないんですけど。

店長　たいへん申し訳ございませんでした。あしたにでも店の方にいらしていただければ、お好きなサンドイッチとお飲み物を無料でさしあげますので、お店のレジの方でおっしゃっていただけますか。

電話　わかりました。

店長　本当にたいへん申し訳ございませんでした。では、失礼します。

店長　お客様、たいへん申し訳ございませんが、ほかのお客様のご迷惑になりますので、犬は、店の外に出していただけませんでしょうか。

女の客　うちのトビーちゃんは、おとなしいから、大丈夫ですよ。

店長　でも、先程、店内でほえて、ほかのお客様がびっくりなさっていました。どうかよろしくご協力お願いします。

女の客　しょうがないですね。わかりました。はい、トビーちゃん、寂しいけど、お外で待っていましょうね。

9 苦情

男の人	ちょっと、すみません、外の犬、だれのですか。僕のスケボーにかみついてきて危ないんですけど。 飼い主は、ちゃんと、危なくないように見ていてくださいよ。
女の客	うちのトビーちゃんは危なくありません。
男の人	危なくないって……、 ちょっと、見てくださいよ、僕のスケボー。 ほら、犬の歯のあとがあるでしょう。
女の客	この店の人が外に出しておけって言うから、出したんです。きっと、トビーちゃん、寂しかったんです。文句があるなら、この店の人に言ってください。わたし、もう帰ります。トビーちゃん、行きましょう！
男の人	ちょっと、待ってよ。僕のスケボー、どうしてくれるんですか！

ロールプレイ　会話文を使ってロールプレイをやってみよう。

タスク　タスクシートを使って、相手に適切な言い方で苦情を伝えるタスクをやってみよう。

語彙と表現

本文

満足(する)　苦情　レジ　渡す　電話に出る　謝る
来店(する)　無料　さしあげる　許す　大切にする　怒る
抱く　〜に向かって　ほえる　セロハン　毛　迷惑がかかる
やわらかい言い方　ところが　スケートボード　かみつく
(困った)顔をする

会話

お宅　者　申し訳ございません　菜食主義　あしたにでも
いらして(いらっしゃって)　おっしゃる　では、失礼します
おとなしい　先程　店内　びっくり(する)
どうかよろしくご協力お願いします　寂しい　スケボー
飼い主　歯のあと　文句　どうしてくれるんですか!

文法と例文

9 苦情

１．主語の省略

① 男の人から店に電話があって、店で買ったサンドイッチを家に帰って食べようとしたら、注文した物と袋に入っていた物が違っていたと言われた。

② カフェでコーヒーを注文したら、20分も後でぬるいコーヒーを持って来たので、店長に苦情を言った。

③ 新幹線の中で急におなかが痛くなったので、車掌を呼んで医者を探してもらったが、車内にはいなかった。

２．〜ないで〜する

① 女の人は、男の人に謝らないで、店のせいにした。

② テレビゲームばかりやっていないで、勉強しなさい！

③ 今日は仕事をしないで寝ていたい。

④ 水を飲まないで激しいスポーツをすると、脱水症状を起こして危険です。

⑤ 休みのときには、時間のことは気にしないで、楽しんだ方がいい。

3．（＊）せい／おかげ

[接続]　＊動詞（普通形）

　　　　＊い-形容詞（普通形）

　　　　＊な-形容詞（普通形　ただし、〜だ→〜な）

　　　　＊名詞＋だ（普通形　ただし、〜だ→〜の）

☆「せい」は否定的なこと、「おかげ」は肯定的なことについて使う。

「〜せいにする」と言えるが、「〜おかげにする」とは言えない。

① 女の人は、店のせいにした。

② 一日中雨が降ったせいで、洗濯物が乾きませんでした。

③ ありがとうございました。手伝ってくれたおかげで、早く仕事が終わりました。

④ 今日はいい天気だったおかげで、洗濯物がよく乾きました。

☆「おかげ」は皮肉として否定的なことについて使うこともある。

⑤ 部長　「君の失敗のおかげで、会社は５千万円も損したんだよ。わかる？」

　　社員　「すみません。」

9 苦情（くじょう）

4．〜なかったら〜なかった（だろう／かもしれない）

① 店長が犬を外に出すように言わなかったら、犬もスケートボードにかみつかなかった。

② 先月あのパーティーに行かなかったら、新しい彼女（かのじょ）はできなかっただろう。

③ 冷蔵庫（れいぞうこ）にあった3日前のミートソースを食べなかったら、おなかをこわさなかったかもしれない。

④ 君へのプレゼントじゃなかったら、こんなに高い物は買わなかったよ。

5．〜者（もの）なんですけど

① さっきお宅（たく）でサンドイッチを買った者なんですけど、家へ帰って来て、食べようと思って、袋を開けてみたら、違うのが入（はい）っていたんですけど……。

② もしもし、警察（けいさつ）ですか。中島公園（なかじまこうえん）の近くに住んでいる者なんですけど、公園で酔（よ）っぱらって、大騒（おおさわ）ぎしている学生がいるので、静（しず）かにするように言ってもらえませんか。

③ 昨日（きのう）、そちらの店で食事をした者なんですが、そちらに黒いソフトケースに入（はい）ったカメラを置（お）き忘（わす）れていないでしょうか。

文法練習

1. 次の文で省略されている主語を入れなさい。

・男の人から店に電話があって、店で買ったサンドイッチを家に帰って食べようとしたら、注文した物と袋に入っていた物が違っていたと言われた。
　① ＿＿＿が （電話）
　② ＿＿＿が （男の人）
　③ ＿＿＿が （男の人）
　④ ＿＿＿が （男の人）

・昨日友達が来て、今度できた新しいケーキ屋に行こうと言ったが、今日は仕事があるので行けないと言うと、それならあした行こうと言って帰って行った。
　⑤ ＿＿＿が
　⑥ ＿＿＿が
　⑦ ＿＿＿が
　⑧ ＿＿＿が
　⑨ ＿＿＿が

2.「～ないで～する」を使った文を書きなさい。

_____

_____

9 苦情

3．「せい」を使った文と、「おかげ」を使った文を一つずつ書きなさい。

①「せい」
_____

②「おかげ」
_____

4．「～なかったら～なかった」を使った文を書きなさい。
_____
_____

5．「～者なんですけど」を使ってあなたの状況を電話の相手に説明しなさい。

状況：あなたは、さっきスーパーで買い物をしました。家に帰ってレシートをよく見ると、あなたが買わなかった歯ブラシの値段も入っていました。

_____
_____

読解練習

次の質問の答えを本文と会話の中から見つけて普通体で書きなさい。

1. サンドイッチ屋に昨日電話をしたお客さんは、どんな苦情を言いましたか。
   _____
   _____

2. 店長は、このお客さんにどのようにして許してもらいましたか。
   _____
   _____

3. サンドイッチ屋では、犬の毛がサンドイッチに付くことを心配していますか。
   _____

4. 女の人が抱いてきた犬は、どうしてほかのお客さんの迷惑ですか。
   _____

5. 店長は、どんな言い方で女の人に注意しましたか。
   _____

6. 女の人の犬は、店の外でおとなしく待っていましたか。
   _____

9 苦情(くじょう)

7．犬の飼(か)い主(ぬし)の女の人は、男の人に謝(あやま)りましたか。

8．女の人は、サンドイッチ屋で買い物をしましたか。

9．サンドイッチ屋の店内(てんない)にいたお客さんたちは女の人に怒(おこ)っていましたか。

10 自炊してみる

本文

CD 19

ワンルームマンションで一人暮らしをしている田中広さんは、会社が忙しいので、普段は外食している。朝ご飯は自分で作るが、田中さんが作る朝ご飯は、パンをトーストしてバターかジャムを塗った物と、牛乳をパックからコップに入れただけの物なので、「料理」と呼べるような物ではない。

外食は便利だが、値段が高いし健康にも良くないので、田中さんは、今週から会社が休みの日には自炊することにした。

自炊すると言っても、田中さんは、東京に来る前は実家に住んでいたので、料理をしたことがなかった。台所用品もほとんど持っていなかったので、近くの金物屋でなべ二つとフライパン、それに包丁とまな板を買って来て、とりあえず、今日の晩ご飯を作ってみることにした。

田中さんは、実家の母親に電話して、料理のやり方を教えてもらった。母親は、田中さんが炊飯器を買わなかったことにあきれたが、なべでご飯を炊く方法を教えてくれた。

ご飯の炊き方(なべで炊くとき)

1. 米はよく洗って、しばらくざるで水を切ってからなべに入れる。
2. なべに米と同じ量の水を入れて、ふたをして弱火で40分ぐらい炊く。
3. 沸騰してなべから水が吹きこぼれたら、火を止めて、そのまま余熱で蒸らす。

10 自炊してみる

ご飯が炊けたので、次に、カレーの箱に書いてある「作り方」を見ながら、カレーを作ってみた。

インスタントカレーの箱には、

作り方
1. 厚手のなべにサラダ油を熱し、一口大に切った肉、野菜をよくいためる。
2. 水を加え、沸騰したらあくを取り、材料が柔らかくなるまで弱火〜中火で煮込む。
3. いったん火を止め、ルウを割り入れて溶かし、再び弱火でとろみが付くまで煮込む。

と書いてあった。

この日の夕食が意外と安くおいしくできたので、田中さんは、電気屋で炊飯器を買い、本屋で料理の本を買って来て、レシピを見ながら、いろいろな料理を作り始めた。

会話

CD 20

田中 広　　もしもし、また僕だけど。

広の母　　ご飯はなべでうまく炊けたの？

広　　　　うん、炊けたよ。でも、今度は炊飯器を買うよ。
　　　　　ところで、ちょっと聞きたいんだけど。ご飯は「炊く」って言うけど、
　　　　　「ゆでる」とか「煮る」とどう違うの？

母　　　　「炊く」っていうのは、うちの辺りでは、
　　　　　ご飯にしか使わない特別な言葉だけど、
　　　　　関西の方じゃ「煮る」と同じ意味で使う
　　　　　みたいよ。「ゆでる」は、材料に火を通す
　　　　　ためだけにお湯を使うことじゃない？　だから、その後、お湯は捨て
　　　　　ちゃうでしょ？「煮る」とか「煮込む」っていうのは、味を付けて、
　　　　　材料に味がなじむまでじっくり火を通すこと。スープは捨てないで、
　　　　　材料と一緒に食べるのよ。

広　　　　そうか。だから、卵や野菜やパスタは「ゆでる」を使うのか。カレー
　　　　　やシチューは「煮込んで」作るんだよね。
　　　　　あと、「いためる」と「焼く」は違うの？

母　　　　同じじゃないの？　ああ、でも、「焼く」のは油と鉄板を使わなくて
　　　　　もいいけど、「いためる」場合は
　　　　　油と鉄板を使うわね。

広　　　　うちには鉄板なんかないよ。

10 自炊してみる

母　　　　なべもフライパンも広い意味じゃ鉄板よ。

広　　　　そう言えば、網とオーブンを使った料理は全部「焼く」だよね。小さく切った材料を混ぜながら油で料理する場合は「いためる」か……。なるほど。じゃ、「揚げる」と「フライにする」は？

母　　　　もう！　同じじゃないの？　料理学校の先生じゃないんだから、わたし、そんなに詳しく知らないわよ。
　　　　　どうしたの、広、急に料理のことなんか聞いて？　会社を首になって、料理屋でも始めるの？

広　　　　違うよ。ちょっと料理を始めたら、いろいろやってみたくなったんだよ。

母　　　　変な物作って、おなかをこわさないようにね。

広　　　　大丈夫だよ！　じゃ、また電話するからね。

ロールプレイ　　　会話文を使ってロールプレイをやってみよう。

タスク　　　インターネットを使って、いろいろなレシピを検索してみよう。

語彙と表現

本文

自炊(する)　外食(する)　トースト(する)　バター
ジャム　塗る　実家　台所用品　金物屋　なべ　フライパン
包丁　まな板　とりあえず　炊飯器　あきれる　ご飯を炊く
米　しばらく　ざる　水を切る　量　ふたをする　弱火　炊く
沸騰(する)　吹きこぼれる　余熱　蒸らす　カレー
厚手のなべ　サラダ油　熱する　一口大　いためる　加える
あくを取る　材料　柔らかい　中火　煮込む　いったん
(カレー)ルウ　割る　溶かす　再び　とろみが付く　意外と
レシピ

会話

ゆでる　煮る　辺り　関西　火を通す　お湯　味を付ける
なじむ　じっくり　スープ　パスタ　シチュー　焼く　油
鉄板　網　オーブン　混ぜる　なるほど　揚げる
フライにする　もう！　詳しい　急(な)　〜なんか
(会社を)首になる　料理屋　〜ように

文法と例文

10 自炊してみる

1．（＊）と言っても

[接続] ＊普通形

☆「な形容詞＋だ」と「名詞＋だ」の「だ」は省略できる。

① 自炊すると言っても、田中さんは、東京に来る前は実家に住んでいたので、料理をしたことがなかった。

② わたしはアイスクリームが大好きだ。でも、好きだと言っても、朝から晩までアイスクリームだけ食べるというのは嫌だ。

③ 暇だから、本を読もうと思う。でも、本を読むと言っても、難しい本は読みたくない。

2．とりあえず

① 田中さんは、とりあえず、今日の晩ご飯を作ってみることにした。

② うちにいてもつまらないから、とりあえず外に出ようか。外を歩いていれば、何かおもしろいことがあるんじゃないかな。

③ 転んで足にけがをした。血が出てきたので、とりあえずハンカチで押さえて血を止めた。

④ 店員　「いらっしゃいませ。ご注文は？」
　　客　「とりあえずビール2本。あとはメニューを見てから。」

3．いったん

① いったん火を止め、ルウを割り入れて溶かし、再び弱火でとろみが付くまで煮込む。

② 赤い三角の中に「止まれ」と書いた標識のある所では、いったん停止してください。

③ 大切な話がありますので、みんな、いったん仕事をやめて聞いてください。

④ ちょっと用事を思い出したので、いったん家に帰って、後でまた来ます。

4．意外と

① この日の夕食が意外と安くおいしくできたので、田中さんは、本屋で料理の本を買って来て、レシピを見ながら、いろいろな料理を作り始めた。

② すしは健康的な料理に見えるが、作るときにたくさん砂糖を使うので、意外とカロリーが高い。

③ このラップトップ、小さいけど意外と重いんですよ。

④ 日本語って、意外と簡単じゃん！

10 自炊してみる

５．連用中止法

★ 動詞の連用形（ます形）、い-形容詞の連用形（～く）は、改まった言い方では「て形」の接続と同じように使うことができる。

① 厚手のなべにサラダ油を熱し、一口大に切った肉、野菜をよくいためる。
② 水を加え、沸騰したらあくを取り、材料が柔らかくなるまで弱火～中火で煮込む。
③ いったん火を止め、ルウを割り入れて溶かし、再び弱火でとろみが付くまで煮込む。
④ 夏の北海道は湿度が低く、過ごしやすい。
⑤ 本日のゲストは、スポーツマンで、背が高く、若い女性にとても人気のある方です。

６．そう言えば

① そう言えば、網とオーブンを使った料理は全部「焼く」だよね。
② 中村「今日は何日ですか。」
　井原「８月31日です。あ、そう言えば、今日は妹の誕生日でした。」
③ 高橋「あ、あそこ！　あれ、フェラーリじゃない？　かっこいいなあ。」
　片山「そう言えば、来週からモーターショーがありますね。」

文法練習

1. 「～と言っても」を使って、質問に答えなさい。

   質問：あなたは歌が好きですか。
   _____
   _____

2. 「意外と」を使って文を二つ作りなさい。

   ・_____
   _____
   ・_____
   _____

3. 例を参考にして、先生や友達に何か言ってもらい、あなたは「そう言えば」を使って答えなさい。

例　先生／友達　「もう６時ですね。」
　　あなた　　　「そう言えば、おなかがすいてきましたね。」

　　先生／友達　「_____」
　　あなた　　　「そう言えば、_____」

10 自炊してみる

4．次の「て形接続」の文を「連用中止法」を使った文に書き換えなさい。

運転席に座ったら、まずシートの位置を体に合わせて、ルームミラーとドアミラーを調整します。次に、キーを差し込んで、ブレーキペダルを踏んだままエンジンをかけます。そして、方向指示器を出して、前後左右を確認してから、ゆっくり発進します。

読解練習

次の質問の答えを本文と会話の中から見つけて<u>普通体で</u>書きなさい。

1．田中さんは普段、晩ご飯は自分の家で食べますか。
_____

2．田中さんは、フライパンをどこで買いましたか。
_____

3．包丁で切るとき、材料を載せる板を日本語で何と言いますか。
_____

4．ご飯はなべで炊くことができますか。
_____

5．カレーに入れる肉は、どれぐらいの大きさに切りますか。
_____

6．カレーは、ゆでて作りますか、煮て作りますか。
_____

7．網を使って「いためる」ことはできますか。
_____

10 自炊してみる

8．田中さんのお母さんは、料理学校の先生ですか。
_____

9．田中さんは会社を首になりましたか。
_____

11 伝言

本文

CD 21

　川島美紀さんと寺田優佳さんは、日曜日に一緒に買い物に行く約束をして、待ち合わせることにした。待ち合わせの時間は午後1時、場所は原宿駅の竹下口の改札の前ということにしてあった。

　川島さんが日曜日の朝9時ごろに起きると、家の中には、もうだれもいなかった。冷蔵庫のドアに母親の書いたメモが残してあった。

「美紗紀へ。お父さんはゴルフ。お母さんは同窓会。朝ご飯は、サラダとクロワッサンが冷蔵庫の中。それから、アルバイト先の店長さんから電話。起きたらすぐに電話をくれるようにとのこと。」

　メモを見て急いで電話すると、アルバイト先のサンドイッチ屋では、昼から来る予定のアルバイトの人が病気で来られなくなったので、12時から2時まで川島さんに店に出てほしいとのことだった。川島さんは、寺田さんとの待ち合わせの時間を1時から2時半に変更しなければならなくなった。

　川島さんは、急いで寺田さんの自宅に電話したが、寺田さんの家の電話は留守番電話になっていた。川島さんは、留守番電話にメッセージを入れて、その後、寺田さんの携帯電話にも電話してみたが、携帯電話は電源が入っていないようだった。しかたがないので、携帯電話にメールを入れておいた。

11 伝言

　渋谷のサンドイッチ屋でのアルバイトが終わった後、川島さんは、大急ぎで山手線に乗って、原宿駅まで行った。2時半だった。しかし、改札口に寺田さんはいなかった。川島さんは、メッセージが寺田さんに伝わらなかったのかもしれないと思って、心配した。
　そのとき、川島さんの携帯電話にメールが届いた。寺田さんからだった。メールには「竹下通りのマクドナルドで待ってます。」と書いてあった。

会話

――川島美紗紀さんからアルバイト先への電話

川島	もしもし、川島美紗紀ですが、先程、店長からお電話いただいたそうですが……。
山下	あ、川島さん。ちょっと待ってください。店長に替わります。店長、川島さんからお電話です。
店長	ありがとう。今、ちょっと手が離せないので、山下さんから川島さんに聞いてもらえる？
山下	はい。何でしょうか。
店長	12時から来るはずだったアルバイトの人が急病で休むのでスタッフが足りないんだ。今日12時から2時間だけ川島さんに店に出てほしいんだけど。出られるかどうか聞いてください。
山下	はい。 川島さん、店長は、今、ちょっと手が離せないので代わりに伝えます。12時からのアルバイトの人が急病で来られないので、12時から2時間だけ店に出てほしいそうです。大丈夫ですか。
川島	12時から2時間ですか。1時から友達と会う約束をしているんですけど。
山下	店長、川島さんは、友達と1時から約束があるそうです。

11 伝言

店長 店が忙しくて大変だから、どうしても川島さんに出てほしいんだけど、友達との約束は、変えられないかなあ。

山下 川島さん、店が忙しくて、どうしても川島さんに出てほしいそうです。友達との約束の時間は変えられませんか。

川島 わかりました。やってみます。

——寺田優佳さんの自宅への留守番電話メッセージ

川島 もしもし、寺田さんのお宅でしょうか。

留守番電話 ただいま、電話に出ることができません。発信音の後に、お名前とご用件をお願いいたします。

川島 川島美紗紀ですが、今日、優佳さんと1時に原宿で会う約束をしていたんですが、2時半からに変更してもらえませんか。よろしくお願いします。

ロールプレイ 会話文を使ってロールプレイをやってみよう。

タスク タスクシートを使って、伝言メモを書く練習をしよう。

語彙と表現

本文

伝言　待ち合わせる　原宿駅　竹下口　改札　メモ　残す
ゴルフ　同窓会　サラダ　クロワッサン　アルバイト先
変更(する)　自宅　留守番電話　メッセージ　電源が入る
伝わる　届く

会話

先程　(電話を)〜に替わる　手が離せない　急病　足りる
代わりに　ただいま　発信音　ご用件

文法と例文

11 伝言

1. (＊)で [原因・理由]

[接続] ＊名詞（できごと）

① お母さんは同窓会で出かけます。
② アルバイトの人が病気で来られなくなった。
③ 今日は、町はお祭りで車が通れない。
④ 山口「田中さん、その脚、どうしたんですか。」
　　田中「スキーで折っちゃったんですよ。」
⑤ 高校の修学旅行で京都へ行きました。

2. 伝聞表現2 [メモ・伝言]

　　(＊)とのこと／(＊)そうです／(＊)って

[接続] ＊普通形

① 美紗紀へ。アルバイト先の店長さんから電話。起きたらすぐに電話をくれるようにとのこと。(メモ)
② 12時から2時まで川島さんに店に出てほしいとのことだった。
③ 田代「村井さんからパーティーに来るかどうか、返事がありましたか。」
　　大林「はい、ありました。来られるけど遅くなるとのことでした。」
④ 同僚「タクシー、呼んだ？　お客さん、待ってるよ。」
　　田中「呼んだよ。5分ぐらいで来るって。」
　　上司「田中君、お客様、お待ちだよ。タクシーは？」
　　田中「はい、5分ぐらいで来るそうです。」
　　客　「タクシーは呼んでくれましたか？」

田中「はい、お待たせして申し訳ありません。5分ぐらいで来るとのことです。」

3．〜てほしい
① 店長は川島さんに12時から店に出てほしいそうです。
② どうしても川島さんに出てほしいんだけど、友達との約束は変えられないかなあ。
③ 客　「この仕事、お宅の会社にやってほしいんだけど、できますか。」
　　田中「はい。ぜひやらせてください。」
④ 子供「お母さん、お母さん、お母さーん。あれー、あれー。買ってー。」
　　母　「何？　あれって。あの風船買ってほしいの？」
⑤ うちの猫は、ネズミを捕まえるとわたしの所に持って来る。猫の気持ちはうれしいが、正直言って、やめてほしい。

4．しかたがないので
① 携帯電話にも電話してみたが、携帯電話は電源が入っていないようだった。しかたがないので、携帯電話にメールを入れておいた。
② 夜、食事をしていたら停電になった。しかたがないので、ろうそくをつけてご飯を食べた。ちょっとロマンチックで良かった。
③ 朝、車で大学へ行こうとしたら、エンジンがかからなかった。しかたがないので、大学を休んで寝ていることにした。

11 伝言(でんごん)

④ しろやぎさんから　おてがみ　ついた
　くろやぎさんたら　よまずに　たべた
　しかたがないので　おてがみ　かいた
　　—さっきの　てがみの
　　　ごようじ　なあに

　　　　　　　　（「やぎさんゆうびん」まどみちお 作詞・團伊玖磨 作曲）

文法練習

1. 「〜で[原因・理由]」を使って、文を二つ作りなさい。

   ・_____

   ・_____

2. 次の電話の会話から、「とのこと」を使って伝言を作りなさい。

   ① 電話　「吉田ですが、明日の朝10時ごろそちらに伺いたいと思いますので、そのようにお母さんにお伝えください。」

   お母さんへのメモ

   _____
   _____

   ② 電話　「桑田ですが、風邪をひいてしまって、あした飲み会に行けません。山田さんにそう伝えていただけますか。」

   あなた「はい、わかりました。」

   「山田さん、_____
   _____。」

11 伝言

3．次の電話の会話から、「とのこと」と「てほしい」を使って伝言を作りなさい。

電話　「すみません、3丁目の山中ですけど、1時間前に頼んだピザがまだ来ないんですけど。もうけっこうですので、キャンセルしてください。」
店員　「たいへん申し訳ございません。」
　　　「店長、_____
　　　_____。」

4．次の日本語の文を「しかたがないので」を使って完成させなさい。

おなかがすいて、冷蔵庫を開けたが、何も食べる物が入っていなかった。
しかたがないので、_____
_____

読解練習

次の質問の答えを本文と会話の中から見つけて<u>普通体</u>で書きなさい。

1．川島さんは日曜日はアルバイトに行く日でしたか。

2．川島さんは日曜日はどんな予定でしたか。

3．川島さんが朝起きたとき、美紗紀さんのご両親は、どこに行っていましたか。

4．川島さんは今日はどうすることになりましたか。それはどうしてですか。

5．川島さんはどうして、急いで寺田さんの家に電話をしたのですか。

6．川島さんは寺田さんに直接連絡できましたか。

11 伝言

7. 原宿駅に行ったとき、川島さんは何を心配していましたか。
　_____

8. 川島さんのメッセージは寺田さんに伝わっていましたか。
　_____

12 安く買おう

本文

CD 23

　田中 広さんは海外に友人がいる。その人は、高校時代に田中さんの高校に交換留学で来ていたオーストラリア人で、今はシドニーに住んでいる。先週その人から連絡があって、電子辞書を買って送ってほしいと頼まれた。それで、田中さんは、土曜日の午後に秋葉原の電気街に買い物に行くことにした。

　田中さんは電気製品を買うときは、秋葉原に行くことが多い。秋葉原には電気製品を売る店が集中しているので、電気製品を値切って買うことができるからだ。
　田中さんは、秋葉原で買い物をするときには、カタログやインターネットなどで、製品の機能や、値段や、評判などをよく調べて、買いたい機種を絞っておくことにしている。そうすると、いろいろな店を回って値切るのに便利だからだ。
　インターネットで電子辞書についていろいろ調べた結果、田中さんは、去年出た定価32,000円の機種を第一候補に決めた。評判も良くて、割引率も高そうだったからだ。インターネットの情報によると、この機種は、最新型ではないが、携帯性が良く、デザインもいい。そして、表示が見やすいのが特徴らしい。英和辞典、和英辞典、英英辞典、類義語辞典、国語辞典、漢字辞典など、10冊の辞書が1台の電子辞書に入っている。

12 安く買おう

　まず、田中さんは、駅前の大きなビルの中に入って行った。そこには小さい電気屋がたくさん店を出している。その中の一つで、田中さんが買いたい機種の値段を確かめてみると、19,500円だった。少し歩いた所にある、もう一軒の店に入って、同じ機種の値段を聞いてみると、最初は20,000円と言っていたが、前の店の値段を言うと、19,000円まで値段を下げた。さらに、もう一軒別の店に行ってみると、同じ機種が18,200円になった。どの店でもクレジットカードは使えないと言われたが、最後に入った店では、18,000円で、しかもクレジットカードも使えるということだったので、田中さんは、その店で買うことにした。

　田中さんは、こんなに安く電子辞書が買えるとは思わなかったので、自分用にも1台買いたくなった。

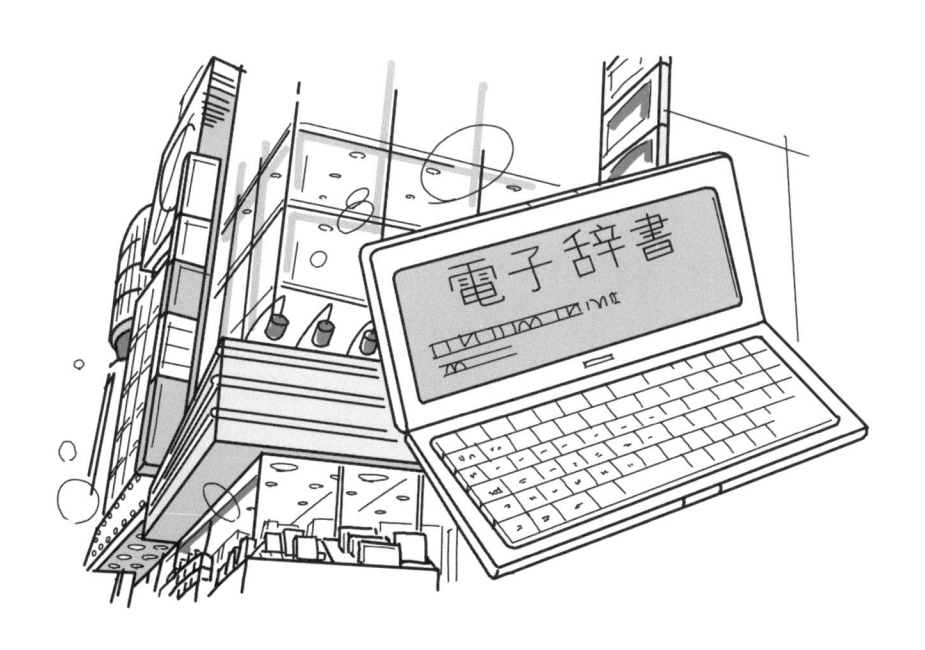

会話

店員1　　いらっしゃいませ。何かお探しでしょうか。
田中　　電子辞書を探しているんですが、リンガ・デバイスのDJ-21という機種、ありますか。
店員1　　ございます。
　　　　ちょっと古い機種ですので、
　　　　お安くできますよ。
田中　　いくらになりますか。
店員1　　19,500円ですね。定価が32,000円の機種ですから、お買い得ですよ。
田中　　クレジットカードは使えますか。
店員1　　このお値段では、ちょっとクレジットカードはだめなんですが。
田中　　そうですか。じゃ、ちょっと考えさせてください。また来ます。
店員1　　ありがとうございます。よろしくお願いします。

店員2　　いらっしゃいませ。
田中　　リンガ・デバイスのDJ-21という電子辞書、ありますか。
店員2　　ございます。この機種ですと、今ならセールで20,000円にできますよ。定価の37％引きですから安いですよ。
田中　　20,000円ですか。さっき行った店では19,500円だったんですけど。
店員2　　少々お待ちください。
　　　　お待たせしました。19,000円でどうでしょうか。
田中　　そうですか。クレジットカードは使えますか。

12 安く買おう

店員2　　　申し訳ありません、現金のみの値段なんです。
田中　　　　そうですか。じゃ、ちょっと考えてから、また来ます。

店員3　　　いらっしゃいませ。
田中　　　　リンガ・デバイスのDJ-21という機種は、いくらぐらいになりますか。
店員3　　　18,000円です。
田中　　　　クレジットカードでも大丈夫ですか。
店員3　　　はい、大丈夫です。
田中　　　　これ、二つ買ったら、両方で34,000円になりませんか。
店員3　　　うーん……。すみませんが、これがぎりぎりの値段なので、ちょっと無理ですね。
田中　　　　そうですか。じゃ、とりあえず、一つだけください。クレジットカードでお願いします。

ロールプレイ　　会話文を使ってロールプレイをやってみよう。

タスク　　　インターネットを使って、製品の値段と評判を調べよう。

語彙と表現

本文

海外　交換留学　電子辞書　秋葉原　電気街　電気製品
集中(する)　値切る　カタログ　製品　機能　評判　機種
(候補を)絞る　定価　第一候補　割引率　最新型　携帯性
デザイン　表示　特徴　英和辞典　和英辞典　英英辞典
類義語辞典　国語辞典　漢字辞典　～冊　電気屋　確かめる
クレジットカード　しかも　～用

会話

お買い得(な)　～％引き　現金　～のみ　ぎりぎり　無理(な)

文法と例文

12 安く買おう

1.（＊）に便利

［接続］ ＊動詞（辞書形）＋とき／の
　　　　＊名詞（のとき）

① 買いたい機種を絞っておくことにしている。そうすると、いろいろな店を回って値切るのに便利だからだ。
② 電子辞書は小さくて軽いから、持って歩くのに便利だ。
③ 電子辞書は小さくて軽くていつでも持って歩けるから、外出先で言葉を調べるときに便利だ。
④ 定期券は、電車やバスに乗るときに便利だ。
⑤ このかばんは、軽くて、たくさん入るから、買い物に便利だ。
⑥ このかばんは、軽くて、たくさん入るから、買い物のときに便利だ。

2. さらに

① さらに、もう一軒別の店に行ってみると、同じ機種が18,000円になった。
② 田中さんは、コンピューターを家に1台、会社に1台持っている。さらに、最近持ち運び用にノートパソコンを1台買った。
③ トライアスロンの中でもいちばん大変な「鉄人レース」の選手は、3.8キロ泳いだ後、自転車で180キロ走り、さらに42.2キロのマラソンを走る。

3．（＊）せてください―せてもらう／せてあげる／せてくれる
　（＊＊）させてください―させてもらう／させてあげる／
　　　　　　　　　　　　　　させてくれる

［接続］　　＊　5段動詞（ない形）
　　　　　＊＊　1段動詞（ない形）
　　　　　☆する動詞　→　（～）させてください
　　　　　　来る　　　→　来させてください

① ちょっと考えさせてください。

② 社員「その仕事、わたしにやらせてください。」
　 課長「じゃ、お願いします。」

③ 客　「ここで、待たせてもらってもいいですか。」
　 受付「どうぞ。お待ちください。」

④ 司会「じゃ、ほかに意見がある人はいませんか。」
　 石井「すみません、わたしにも意見を言わせてくれませんか。」
　 司会「石井さんは、このミーティングのオブザーバーですから、普通は
　　　　意見を言うことはできないんですが、みなさん、いかがでしょうか。」
　 田代「わたしはかまいません。言わせてあげましょう。」
　 宮城「わたしもかまいません。石井さんの意見を聞かせてください。」

文法練習

12 安く買おう

1. 次の物は、どんなこと／どんなときに便利ですか。

① コンピューター ＿＿＿＿＿＿＿＿＿＿＿＿＿＿＿＿＿＿
② タクシー ＿＿＿＿＿＿＿＿＿＿＿＿＿＿＿＿＿＿
③ 携帯電話 ＿＿＿＿＿＿＿＿＿＿＿＿＿＿＿＿＿＿
④ クレジットカード ＿＿＿＿＿＿＿＿＿＿＿＿＿＿＿＿＿＿
⑤ ファーストフードの店 ＿＿＿＿＿＿＿＿＿＿＿＿＿＿＿＿＿＿

2. 「さらに」を使って、例文を作りなさい。

＿＿＿＿＿＿＿＿＿＿＿＿＿＿＿＿＿＿＿＿＿＿＿＿＿＿＿＿＿＿＿＿＿＿
＿＿＿＿＿＿＿＿＿＿＿＿＿＿＿＿＿＿＿＿＿＿＿＿＿＿＿＿＿＿＿＿＿＿

3. 次の場合、あなたはどんな「～せてください」を使いますか。

① 電気屋で、店の人がこの電子辞書は安いからお買い得だと言いました。しかし、ほかに、もっと安い店がありそうなので、今はまだ買いたくありません。
あなた 「＿＿＿＿＿＿＿＿＿＿＿＿＿＿＿＿＿＿＿＿＿＿＿＿＿。」

② 先輩の山田さんと、時々一緒に食事に行きます。山田さんはあなたの先輩なので、いつもお金を払ってくれますが、毎回払ってもらうのは悪いので、次はあなたが山田さんの分もお金を払いたいと思いました。
あなた 「＿＿＿＿＿＿＿＿＿＿＿＿＿＿＿＿＿＿＿＿＿＿＿＿＿。」

読解練習

次の質問の答えを本文と会話の中から見つけて普通体で書きなさい。

1．田中さんはオーストラリア人の友人といつ知り合いましたか。

2．そのオーストラリア人の友人は、田中さんに何を頼みましたか。

3．田中さんは、電気製品を買うときは、どこに行くことが多いですか。

4．田中さんが秋葉原で買い物をするときに、よく調べて、買いたい機種を絞っておくのはなぜですか。

5．田中さんが第一候補に決めた電子辞書には、類義語辞典は入っていますか。

6．その電子辞書は最新機種ですか。

12 安く買おう

7. いちばん安い店では、その機種はいくらでしたか。

　

8. その店ではクレジットカードが使えますか。

13 郵便で送る

本文

CD 25

　田中広さんは、オーストラリアにいる友人のために買った電子辞書を、郵便で送ることにした。

　電子辞書が入っている箱は、長さ13.5センチ、幅8.5センチ、厚さ2.5センチで、重さが120グラムある。郵便局に行く前に、田中さんは、文房具屋で電子辞書が入るくらいの大きさのクッション入り封筒を買って、あて名を書いておいた。

　郵便局に着くと、田中さんは、番号券を取って、自分の番号が呼ばれるのを待った。番号が呼ばれると、田中さんは、窓口の所まで行った。
　窓口の係の人に封筒を見せて、それをオーストラリアまで送りたいと言うと、係の人は、中に何が入っているか聞いた。田中さんが、中には電子辞書が入っていると答えると、係の人は、緑色の申告書式のシールを田中さんに渡して、それに記入するように言った。
　緑色のシールには、中身は何か、何のために送るのか、値段はいくらかを書く欄があるので、田中さんはそれに記入した。
　全部記入して係の人に持って行くと、今度は、係の人は、封筒の重さを量ってから、田中さんに送る方法を聞いてきた。田中さんが送りたいような小さい荷物は、「小型包装物」の扱いになるのだが、送る方法で値段が違う。

13 郵便で送る

　いちばん安いのは船便で、オーストラリアまで220円。次に安いのは、ＳＡＬ（エコノミー航空便）で、280円、航空便は330円、いちばん高いのはＥＭＳ（国際スピード郵便）で、1,200円かかる。

　田中さんは、それぞれの方法でどのぐらいの日数がかかるのか、窓口の人に聞いた。窓口の人によると、いちばん高いＥＭＳがいちばん早くて５日以内、航空便で５日から10日、ＳＡＬで７日から14日、船便だと40日から90日かかるらしい。

　田中さんは、いろいろ考えて、ＳＡＬで送ることにした。

会話

自動音声　受け付け番号323番のカードをお持ちのお客様、4番の窓口までお越しください。

田中　すみません、これ、オーストラリアまで送りたいんですが。

局員　中は何ですか。

田中　電子辞書です。

局員　電子機器は郵便で送ると壊れるかもしれませんが、よろしいですか。

田中　買ったままの箱に入れてありますから、大丈夫だと思います。衝撃吸収材も入っていますし。

局員　食べ物は入っていませんね。オーストラリアは食品の輸入にうるさいので。

田中　入っていません。

局員　では、この緑色の紙に記入してください。

田中　はい。

　　　　これでいいでしょうか。

局員　はい、けっこうです。

　　　　これ、どのようにしましょうか。船便、SAL、航空便、EMSとありますが。

田中　値段はどう違うんですか。

局員　この重さでオーストラリアですと、船便が220円、SALが280円、航空便が330円、EMSだと1,200円になります。

13 郵便で送る

田中	ＥＭＳって何ですか。
局員	国際スピード郵便です。ビジネス文書とか商品サンプルとか、確実に早く届けたい物ですと、こちらが便利だと思います。オーストラリアには5日以内で届きます。
田中	でも、ちょっと高いですね。航空便だとどのくらいかかりますか。
局員	5日から10日ぐらいです。
田中	ＳＡＬというのは、遅いんですか。
局員	7日から14日ぐらいです。ＳＡＬでも早く着くことがありますが、2週間以上かかってしまうこともあります。お急ぎでなければ、こちらでもいいかもしれませんね。
田中	ＳＡＬでも、船便よりは早いんでしょう？
局員	そうですね。船便ですと、どうしても、1か月半から3か月はかかります。
田中	じゃ、ＳＡＬでお願いします。

ロールプレイ　会話文を使ってロールプレイをやってみよう。

タスク　タスクシートを使って、郵便で送るときの送り方について調べよう。

語彙と表現

本文

郵便　長さ・幅・厚さ（縦・横・高さ／奥行き・幅・高さ）

センチ　グラム　重さ　郵便局　文房具屋

クッション入り封筒　あて名（あて先）　番号券　窓口

係の人　緑色　申告書式　シール　渡す　記入（する）

中身　欄　量る　小型包装物　扱い　船便

ＳＡＬ（エコノミー航空便）　航空便

ＥＭＳ（国際スピード郵便）　日数

会話

お越しください　電子機器　壊れる　～まま　衝撃吸収材

食品　輸入（する）　うるさい　ビジネス文書

商品サンプル　確実（な）　届ける　どうしても

文法と例文

13 郵便で送る

1．（＊）ある／（＊＊）する

[接続] 　＊名詞（大きさ・高さ・重さ・深さ・量など）
　　　　＊＊名詞（金額）

① 電子辞書が入っている箱は、長さ13.5センチ、幅8.5センチ、厚さ2.5センチで、重さが120グラムある。

② この本は、500ページもあるから、全部読むのに時間がかかります。

③ 松井「このプール、深そうだね。どのくらいあるんだろう。」
　　鈴木「ほんとだ。3メートルぐらいあるんじゃない？」

④ 富士山は、高さが3,776メートルあります。

⑤ 田中「その車、いくらしたの？」
　　村井「520万円。」
　　田中「えー？　そんなにしたの！」

2．間接話法

・言い切り	普通形＋と言う
・命令／禁止	命令形／「辞書形＋な」＋と言う
・やわらかい命令／依頼	普通形現在＋ように（と）言う／頼む
・疑問	普通形（疑問の形）＋（と）聞く／と言う
・選択を問う	普通形（疑問の形）＋どうか聞く
・返答	普通形＋と答える／と言う

① 田中さんがその車はいくらしたのかと聞くと、村井さんは520万円だと答えた。

② わたしが子供のときに、よく、親はわたしに勉強しろと言った。しかし、遊ぶなと言ったことは一度もない。

③ 昨日、ピザ屋のアルバイトの面接に行った。18歳以上かとか、車の免許はあるかとか、いろいろ聞かれた。車の免許は持っているので、免許はあると答えると、配達係の仕事があるから、来週から来るように言われた。

④ 窓口の係の人に、封筒を見せて、「オーストラリアまで送りたいんですが」と言うと、係の人は「何が入っていますか」と言った。田中さんが「電子辞書が入っています」と言うと、係の人は、緑色の申告書式のシールを田中さんに渡して、「それに記入してください」と言った。（直接話法）

→窓口の係の人に、封筒を見せて、オーストラリアまで送りたいと言うと、係の人は、何が入っているか聞いた。田中さんが、電子辞書が入っていると答えると、係の人は、緑色の申告書式のシールを田中さんに渡して、それに記入するように言った。（間接話法）

3．〜は〜にうるさい

① オーストラリアは食品の輸入にうるさい。
② 母は掃除のやり方にうるさい。
③ 姉は音楽にうるさい。

13 郵便で送る

4．A、B、Cとある

① これ、どのようにしましょうか。船便、SAL、航空便、EMSとありますが。
② タクシー、バス、電車とありますが、空港からどうやって町に行きますか。
③ 客　「コーヒーください。」
　　店員「はい。ホット、アイスとございますが。」
　　客　「ホット。」
　　店員「サイズは、S、M、Lとございますが。」
　　客　「じゃ、Lでお願いします。」
　　店員「はい、ホットコーヒーをLサイズで…。少々お待ちください。」

5．（＊）ことがある

［接続］　＊動詞（普通形現在）

　注意：「動詞（普通形過去）＋ことがある［経験］」との違いに気をつけてください。

① SALでも早く着くことがありますが、2週間以上かかってしまうこともあります。
② わたしの料理は、失敗することもあるんですが、たいていは上手にできます。
③ カップラーメンを作るときに、熱湯でやけどすることがありますので、気をつけてください。
④ 雨の日は渋滞して、バスが時間通りに来ないことがあります。

文法練習

1. ( )の中に「ある」か「する」を適当な形に直して入れなさい。

　田原「ちょっと見てください、金だそうですよ。」
　吉村「へー、小さく見えるけど説明書によると100kg（　　　　　）そうです。」
　田原「いくらぐらい（　　　　　）んでしょうか。」
　吉村「さあ、いくらぐらいでしょうね。2億円ぐらい（　　　　　）んじゃないですか。」
　田原「展示ケースも厚いですからねえ。5センチぐらい（　　　　　）ますか。」

2. 次の会話を、間接話法を使って、始めの部分に続けて書き直しなさい。

　会話
　　木村「田中さん、ちょっとお金がないので貸してくれませんか。」
　　田中「いくらぐらいですか。」
　　木村「2千円ぐらいなんですけど。」
　　田中「わかりました。でも、わたしもお金がないから、あした、絶対に返してくださいね。」

13 郵便で送る

→ 木村さんは、お金を貸してほしいと田中さんに頼んだ。田中さんが、

_____

_____

_____

_____

3．次の「ことがある」は、可能性を表していますか、経験を表していますか。
（　）の中に、可能性の場合は「可」経験の場合は「経」と書きなさい。

① ラッシュアワーに電車に乗っても座れることがあります。（　　　）

② ラッシュアワーじゃないのに座れなかったことがあります。（　　　）

③ ダイエットをして、3日間何も食べなかったことがあります。（　　　）

④ 仕事が忙しくて、昼食が食べられないことがあります。（　　　）

⑤ 宝くじって、当たることがあるんでしょうか。（　　　）

⑥ ありますよ。わたしは宝くじで1万円当たったことがあります。（　　　）

読解練習

次の質問の答えを本文と会話の中から見つけて普通体で書きなさい。

1．田中さんの番号券は何番ですか。
　――――――――――――――――――――――――――――――――――

2．郵便局の人は電子辞書を郵便で送ることは安全だと思っていますか。
　――――――――――――――――――――――――――――――――――

3．田中さんは、電子辞書を郵便で送ることは安全だと思っていますか。
　――――――――――――――――――――――――――――――――――

4．郵便局の人はどうして食べ物が入っていないかどうか確かめたのですか。
　――――――――――――――――――――――――――――――――――

5．電子辞書を送るとき、船便、ＳＡＬ、航空便、ＥＭＳの中で、いちばん高いのはどれですか。
　――――――――――――――――――――――――――――――――――

6．船便、ＳＡＬ、航空便、ＥＭＳの中で、いちばん時間がかかるのはどれですか。
　――――――――――――――――――――――――――――――――――

13 郵便で送る

7．ＥＭＳはどんな物を送るときに便利ですか。
_____

8．日本からオーストラリアまでＳＡＬで送った場合、１週間で着くことがありますか。
_____

9．田中さんは電子辞書をどの方法で送ることにしましたか。
_____

14 結婚式に呼ばれる

本文

CD 27

　田中広さんは、大学時代の友人の結婚式に招待された。友人の名前は浜村亮太といって、田中さんの大学時代の親友だ。浜村さんの花嫁になる人は、田中さんの知らない人だった。

　田中さんは困った。結婚式に呼ばれるのは初めてだったので、どんな服を着て行ったらいいか、お祝いにいくら持って行ったらいいか、全然知らなかった。しかし、それより困ったのは、浜村さんが、田中さんに友人代表としてのスピーチを頼んできたことだ。

　結婚式に出るときには、いろいろ決まりごとがある。招待された客は、真っ白な服を着て行ってはいけないとか、お祝いのお金は新しいお札の方がいいとか、スピーチの中に「別れる」とか「切れる」とか「割れる」などの縁起の悪い言葉を入れてはいけない、などだ。

　田中さんは、銀行に行って、古い1万円札を3枚、新しい1万円札に替えてもらった。服は、いつも会社に着て行くスーツにカラーシャツ、それと少し派手な色のネクタイをして行くことにした。

　問題はスピーチだった。できるだけ、短く、おもしろく、失礼にならないようなスピーチを作りたいと思って、いろいろ考えて書いたので、スピーチ作りにとても

14 結婚式に呼ばれる

時間がかかってしまった。特に、スピーチの中に縁起の悪い言葉が入らないように注意した。

式の当日、披露宴会場で、田中さんは自分の名前が書かれた席に座って、どきどきしながら、自分のスピーチの順番を待っていた。田中さんの前にたくさんの人がお祝いのスピーチをしたが、田中さんは緊張して、ほかの人のスピーチは耳に入らなかった。

ついに田中さんの順番になった。田中さんは、立ち上がって、マイクの所に行き、用意してきた原稿を読んだが、とても緊張して、手が震えて、汗が出てきて、何を読んだか、よくおぼえていなかった。

スピーチが終わって、席に戻ると、みんな拍手をしていた。同じテーブルには、花嫁の友人代表のスピーチをした人がいたが、この人が、田中さんのスピーチはいいスピーチだったと言ってくれた。

会話

司会 では次に、新郎の大学時代からのご友人、田中広様よりお言葉をいただきます。

客 （拍手）

田中 浜村君の大学時代の同級生の田中広と申します。浜村君、佳奈さん、ご結婚おめでとうございます。そして、今日は、このような素晴らしい席に呼んでいただき、本当にありがとうございます。

浜村君は、わたしと同い年ですが、何をするのも、わたしより上手に早くできるので、いつもわたしのいいお手本でした。大学の成績も試験の点数も、いつもわたしより上でした。授業中に、先生に気付かれないように、こっそり教室を出て行くのもわたしより上手でしたし、みんなでお酒を飲みに行ったときに、お金を払わないで帰るの……だけは、わたしの方が上手でしたが、そのほかはみんな浜村君の方がよくできるので、浜村君はいつもわたしの偉大なお手本でした。

その浜村君が、佳奈さんのような素敵な女性を見つけたことは、わたしも本当にうれしいと思います。なぜかというと、これまで浜村君が先にできるようになったことは、たいてい、後でわたしもできるようになったからです。わたしも、いつか、佳奈さんのような素敵な人を見つけて、浜村君に追い付きたいと思います。

佳奈さん、浜村君をよろしくお願いします。彼は、本当に素晴らしい、

14 結婚式に呼ばれる

　　　　頼りがいのある男です。
　　　　お二人の素晴らしい未来と永遠の幸せを、心からお祈りしております。
客　　（拍手）
司会　田中様、ありがとうございました。では続きまして、新婦の大学時代のサークルの後輩でいらっしゃる川島美紗紀様から、お言葉をいただきます。

——スピーチ、ケーキ入刀、乾杯が終わって、
　　食事が始まる

田中　結婚式のスピーチって、緊張しますね。僕、手が震えて、大汗かいちゃって、自分で何を話したかおぼえてないんですよ。
川島　わたしもスピーチしたときは緊張しちゃって……。でも、田中さんのスピーチ、良かったですよ。拍手もいちばん多かったし。
田中　いやあ……どうも。川島さんのも、ほのぼのとしていて素晴らしかった。
川島　いいえ、そんなことないですよ。

ロールプレイ　会話文を使ってロールプレイをやってみよう。

タスク　結婚する友人のためにスピーチを書いて発表してみよう。

語彙と表現

本文

結婚式　招待(する)　親友　花嫁　困る　服　お祝い
友人代表　スピーチ(する)　決まりごと　真っ白(な)　お札
別れる　切れる　割れる　縁起が悪い(⟷縁起がいい)
１万円札　替える　スーツ　カラーシャツ　派手(な)
ネクタイ　注意(する)　式　当日　披露宴　会場　席
どきどき(する)　順番　緊張(する)　耳に入る　ついに
立ち上がる　マイク　用意(する)　原稿　震える　汗　戻る
拍手(する)

会話

新郎　～より　お言葉をいただく　同級生　同い年　お手本
成績　試験　点数　授業中　気付く　こっそり　そのほか
偉大(な)　うれしい　追い付く　頼りがいがある　未来　永遠
幸せ　心から　祈る　新婦　サークル　後輩
～でいらっしゃる　ケーキ入刀　乾杯(する)　食事(する)
大汗(を)かく　ほのぼのとしている　そんなことないですよ

文法と例文

14 結婚式に呼ばれる

1. ～として

① しかし、それより困ったのは、浜村さんが、田中さんに、友人代表としてのスピーチを頼んできたことだ。

② キャンプに行って、もし、はしがなかったら、小枝を削ってはしとして使うことができる。

③ 懸賞に当たった方には、賞品としてこの車をさしあげます。

④ 先月まではアルバイトでしたが、今月からはこの会社の正社員として働くことになりました。よろしくお願いします。

2. （*）か知っている／おぼえている／わかる／教える／言う

［接続］　* 普通形

☆　「な形容詞＋だ」「名詞＋だ」の「だ」はつかない。

① どんな服を着て行ったらいいか、お祝いにいくら持って行ったらいいか、全然知らなかった。

② 田中さんは、とても緊張して、何を読んだか、よくおぼえていなかった。

③ 客　　　「東京まで、どの飛行機が安いか、わかりますか。」
旅行代理店「はい、すぐお調べしますのでお待ちください。」

④ 運転手「もしもし、警察ですか。今、追突事故を起こしてしまったんですけど、どうしたらいいか教えてください。」

3．頼んでくる／言ってくる

① しかし、それより困ったのは、浜村さんが、田中さんに、友人代表としてのスピーチを頼んできたことだ。
② 息子が、また金を送るように頼んできた。もう、これで今年3回目だ。
③ 母が、もうお金は送らないと言ってきた。
④ 隣の人が、うちの犬がうるさくて困ると言ってきた。

4．～より

① 田中広様よりお言葉をいただきます。
② 明日のミーティングは朝10時より始めたいと思います。
③ 当店では、来年4月1日より店内禁煙となりますので、よろしくご協力お願いいたします。
④ 当ホテルには、海外よりお越しのお客様のために、フロントに4か国語が話せるスタッフがおりますので、ご用の際はお気軽にお申し付けください。

14 結婚式(けっこんしき)に呼(よ)ばれる

5．なぜかというと〜からだ／なぜならば〜からだ

① なぜかというと、これまで浜村君(くん)が先(さき)にできるようになったことは、たいてい、後(あと)でわたしもできるようになったからです。

② わたしは犬が怖(こわ)いです。なぜかというと、まだ小さい子供(こども)のころ、公園(こうえん)で遊(あそ)んでいたときに犬にかみつかれたからです。

③ 日本の人間関係(にんげんかんけい)は年齢差(ねんれいさ)に敏感(びんかん)です。なぜかというと、日本の社会はかつて儒教(じゅきょう)の影響(えいきょう)を強(つよ)く受(う)けたことがあるからです。

④ 宇宙(うちゅう)に出ると人間は考え方が変(か)わる。なぜならば、宇宙から見ると、地球(ちきゅう)はかけがえのない美(うつく)しい星(ほし)だと気付(きづ)くからだ。

文法練習

1. 例を参考にしながら、次の二つの文を一つの文に直しなさい。

    例　あれは何ですか。知っていますか。
    →　あれは何か知っていますか。

① 浜村さんの結婚式はいつですか。知っていますか。
_____

② 去年の今日、何をしましたか。おぼえていません。
_____

③ どっちへ行ったらいいですか。教えてください。
_____

④ 田中さんが最初に作った料理は何ですか。おぼえていますか。
_____

2. ほかの人から言われたことを、例のように「～てきた」を使って書きなさい。

    例　店長「川島さん、今日、時間ある？　できたらアルバイトに来てくれる？」
    →　店長が川島さんに今日アルバイトに来てほしいと言ってきた。

    弟「ねえ、1万円貸してくれない？」
    →　_____
    _____

14 結婚式に呼ばれる

3．次の文に「なぜかというと」を続けて理由を書きなさい。

① わたしは日本に行ったことがありませんが、日本人の友達がいます。
_____

② わたしは２年前に車の免許を取りましたが、今は運転していません。
_____

③ わたしは自分で料理をしません。
_____

読解練習

次の質問の答えを本文と会話の中から見つけて普通体で書きなさい。

1．浜村亮太さんは田中さんとどんな関係ですか。

2．田中さんは、浜村亮太さんの花嫁になる人を前から知っていましたか。

3．浜村さんは、田中さんにどんなことを頼みましたか。

4．日本の結婚式に招待された客は、どんな服を着て行ってはいけませんか。

5．田中さんは結婚式の前に銀行に行きましたが、それは何のためですか。

6．田中さんが結婚式のスピーチを作るときに特に注意したことは何ですか。

14 結婚式に呼ばれる

7．どうして結婚式ではケーキを「切る」と言わないでケーキ「入刀」と言うのですか。
_____

8．披露宴会場で田中さんと同じテーブルには、どんな人が座っていましたか。
_____

9．その人は、田中さんのスピーチについてどんな感想を言いましたか。
_____

15 初めてのデート

本文

CD 29

　田中広さんは、友人の結婚式の披露宴のときに同じテーブルに座った川島美紗紀さんと意気投合した。二人は、趣味の話や、音楽、好きな映画、テレビ番組の話で盛り上がって、披露宴が終わったときに、もう一度会う約束をして、お互いの電話番号を交換した。

　次の週に、川島さんの携帯電話に田中さんから電話があった。1か月後の土曜日に、横浜で田中さんの好きなアーティストのライブがあるので、一緒に行かないかという誘いの電話だった。二人は、午後2時半に渋谷駅で待ち合わせることにして電話を切った。

　田中さんは、電話を切った後、その日の予定を考え始めた。
　横浜は、渋谷から電車で30分ぐらいの所にある町だ。明治時代からの国際的な港町で、外国人がたくさん住んでいたので、エキゾチックな雰囲気のおしゃれなデートスポットや、おいしいレストラン、中華街、歴史的な建物、それに、新しい文化施設など、おもしろい場所がいろいろある。
　ライブは7時開始で、開場時間は6時半だから、横浜に着いてからライブの会場に入るまで、少し時間がある。その間、港の近くの店を見たり、海のそばにある公園を歩いたり、カフェでお茶を飲んだり、軽い食事をしたりすることができる。

15 初めてのデート

　田中さんは、まず、ライブの予約をした。有名なアーティストなので、チケットが取れるかどうかわからなかったが、インターネットで調べて、電話でチケットの予約をすることができた。それから、横浜に詳しい友人から、おすすめのスポットを聞いて、横浜の地図で場所を確認した。

　コンサート会場は、横浜駅からJRでさらに駅を三つ行った所にある「石川町」という駅の近くだった。そこからは、歩いて、中華街や、山下公園、港の見える丘公園などに行けるし、ランドマークタワーもそれほど遠くない。

　当日、二人は、横浜の雰囲気を楽しんで、楽しい話をして、おいしい物を食べて、音楽をたっぷり楽しんだ。

会話

CD 30

田中	もしもし、あのう、私、田中と申しますが、川島美紗紀さんでしょうか。
川島	はい、そうですが……。
田中	先週、浜村君の結婚式のとき、同じテーブルになった田中広です。おぼえていらっしゃいますか。
川島	ああ、田中さん。スピーチの田中さんですね！
田中	はい、そうです。それで、あのう、実は、あのときお話ししたアーティストのことなんですけど、来月、横浜でライブがあるんですけど、もしよかったら、一緒に行きませんか。
川島	何日ですか。
田中	6日の土曜日の夕方なんですけど。
川島	ちょっと待ってください。えーと、その日は渋谷で2時までアルバイトがあるんですが、その後なら大丈夫だと思います。
田中	じゃ、渋谷駅のハチ公前で2時半に待ち合わせというのはどうですか。
川島	大丈夫です。
田中	じゃ、チケット、取っておきますね。
川島	はい。
田中	じゃ、そのときに。
川島	はい、楽しみにしています。
田中	もしもし……。
オペレーター	はい、チケットセンターです。

15 初めてのデート

田中	来月6日の「リジッド・シャッフル」のチケット、まだ取れますか。
オペレーター	はい、お取りできます。ライブハウスですので、全席自由で4,500円、1ドリンク付きで、お食事は別になります。会場は石川町のライブメソッド、開場は6時半、開演は7時になっていますが、よろしいでしょうか。
田中	はい、けっこうです。
オペレーター	何枚お取りしましょうか。
田中	2枚お願いします。
オペレーター	お支払いは、カードでよろしいでしょうか。
田中	はい。
オペレーター	では、カードの種類と番号をお願いします。

ロールプレイ 会話文を使ってロールプレイをやってみよう。

タスク タスクシートを使って、電話で人を誘うタスクをやってみよう。
インターネットを使って、横浜についていろいろ調べてみよう。

語彙と表現

本文

意気投合(する)　話　盛り上がる　約束(する)　お互い
交換(する)　アーティスト　ライブ　誘い　予定　明治時代
国際的(な)　港町　外国人　エキゾチック(な)　雰囲気
おしゃれ(な)　デートスポット　中華街　歴史的(な)　建物
文化施設　開始(する)　開場(する)　会場　港　軽い食事
チケット　～に詳しい　おすすめ　スポット　確認(する)
石川町　山下公園　港の見える丘公園　ランドマークタワー
当日　楽しむ　たっぷり

会話

夕方　ハチ公前　チケットセンター　ライブハウス　全席自由
1ドリンク付き　別　開演(する)

文法と例文

15 初めてのデート

1．長い名詞修飾節
① 田中広さんは［友人の結婚式の披露宴のときに同じテーブルに座った］川島美紗紀さんと意気投合した。
② 横浜は［渋谷から電車で30分ぐらいの所にある］町だ。
③ 僕は［先週浜村君の結婚式のとき同じテーブルになった］田中広です。
④ 兄は［大学のときにアルバイトをしていて知り合った］女の人と結婚するらしい。
⑤ 加藤「［このあいだ横山さんがおいしいと言っていた］焼き肉屋さんはどこですか。」
　　横山「［駅の南口を出た所に新しくできた］ショッピングセンターの中ですよ。」

2．〜に詳しい
① 横浜に詳しい友人から、おすすめのスポットを聞いた。
② 兄は音楽にすごく詳しい。先週のトップ10の歌手と曲名は、兄に聞けばすぐにわかる。
③ わたしはあまり車のメカに詳しくないんです。今の車は、買ってから今まで、ボンネットも開けたことがありません。
④ 田中「友達の結婚式に呼ばれたんですけど、だれか冠婚葬祭に詳しい人、いますか。」
　　中野「吉田課長が詳しいと思いますよ。」

3．それほど〜ない／そんなに〜ない

① コンサート会場からは、ランドマークタワーもそれほど遠くない。
② 東京は物価が高いですが、給料も高いのでそれほど住みにくくありません。
③ 携帯電話の通話料は、昔に比べるとそんなに高くなくなりました。
④ 日本語はそんなに難しくありません。
⑤ 加藤「高橋さんて、歌が上手なんですってね。田中さんが言ってたけど、学生時代はバンドでボーカルやってたんでしょ？　プロにならないかってスカウトされたことがあるって。」
　　高橋「いいえ、そんなに上手じゃないですよ。本当にプロになれるぐらい上手だったら、今ごろここにいませんよ。」

4．もしよかったら

① もしよかったら、一緒に行きませんか。
② もしよかったら、コーヒーでもいかがですか。
③ もしよかったら、今度うちでバーベキューでもしましょう。
④ 永井「ねえ、これからどうする？」
　　木村「どうしようか。お金もないし。」
　　安倍「よかったら、うちへ来る？　食べ物はあんまりないけど、ビールぐらいならあるよ。」
　　永井「じゃ、そうしようか。」

15 初めてのデート

5．(＊) というのはどうですか

[接続] ＊動詞（普通形現在）

① じゃ、渋谷駅のハチ公前で2時半に待ち合わせ（する）というのはどうですか。

② 今度のパーティー、食べ物代と飲み物代としてみんなに1,000円ずつ出してもらうというのはどうでしょうか。

③ 今日はみんなでうちへ来て一緒にサッカーを見るというのはどうですか。

④ 父　　「今度の正月は家族でハワイ（へ行く）というのはどう？」
　　母　　「海外旅行に行くならヨーロッパにしましょうよ。」
　　子供　「東京ディズニーランドがいいなあ。」
　　祖父　「温泉でのんびり（する）というのはどうじゃ？」

文法練習

1．次の文の下線部の語を修飾している部分を [ ] で囲みなさい。

① 昨日、田中さんは、オーストラリアに住んでいる友人に頼まれた電子辞書を買いに行った。

② 田中さんは、新宿からJR中央線で30分ぐらいの所にある武蔵小金井駅の近くに住んでいる。

③ 去年北京に行ったときわたしたちのガイドをしてくれた中国人の女の人は日本語が上手でした。

④ 電話で決めた待ち合わせの場所を書いたメモをなくしてしまった。

2．あなたのそばにいる人は、どんなことに詳しいですか。その人が何に詳しいか、聞いて書きなさい。

_____ は

_____ に詳しいです。

15 初めてのデート

3．次の田中さんの質問に、「そんなに〜ない」を使って日本語で答えなさい。

① 田中「日本語って、難しいでしょう？」
___

② 田中「バスで大学まで来るのは時間がかかるでしょう？」
___

③ 田中「いい服を着ていますね。高かったんじゃないですか？」
___

4．「もしよかったら」を使って誘いの文を作りなさい。
___
___
___

5．「〜というのはどうですか」を使って提案の文を作りなさい。
___
___
___

読解練習

次の質問の答えを本文と会話の中から見つけて<u>普通体で</u>書きなさい。

1．田中広さんはどうやって川島美紗紀さんと知り合いましたか。

_____

2．そのとき、二人はどんな話で盛り上がりましたか。

_____

3．田中さんは、川島さんを何に誘いましたか。

_____

4．渋谷から横浜まで電車でどのぐらい時間がかかりますか。

_____

5．横浜はどうしてエキゾチックな雰囲気があるのですか。

_____

6．横浜に着いてから、ライブ会場に入るまで、どのくらい時間がありますか。

_____

7．田中さんは、どうやってライブのチケットの予約をしましたか。

_____

15 初めてのデート

8．田中さんが予約したライブのチケットには、食事と飲み物が付いていますか。

_____

9．田中さんは、ライブのチケット代を現金で払いましたか。

_____

語彙と表現の訳（英語・中国語・韓国語）

1課　本文

社宅	company housing	职工宿舍	사택
寮	dormitory	宿舍	기숙사
希望	wish	希望	희망
条件	condition	条件	조건
一人暮らし	living by oneself	独居、单身生活	독신생활
家賃	rent	房租	집세
南向き	facing south	朝南	남향
できれば	if possible	可能的话	가능하면
エアコン	air conditioner	空调	에어컨
付く	to be attached; to be fitted with	带有	설치되다
新宿	Shinjuku (name of place)	新宿（地名）	신쥬쿠（지명）
ＪＲ中央線	JR Chuo Line (train)	JR中央线（电车）	제이알츄오센（노선명）
沿線	along a railway line	沿线	연선
武蔵小金井	Musashi-Koganei (name of place)	武藏小金井（地名）	무사시코가네이（지명）
周辺	around	周围	주변
不動産屋	real estate agent	房地产公司	부동산중개소
紹介(する)	to introduce	介绍	소개（하다）
ワンルームマンション	one-room apartment	一居室高级公寓	원룸
２Ｋ	two rooms and a kitchen	两居室	이케이
木造	wooden	木结构	목조
アパート	apartment house	公寓	아파트
広さ	width; size of space	面积	넓이
違い	difference	不同	차이
気に入る	to become fond of	称心、喜欢	마음에 들다
床	floor	地板	마루
フローリング	wooden floor	洋式高级地板	플로어링
オートロック	automatic locking system	安全门禁系统	자동잠금장치
契約(する)	to make a contract	合同	계약（하다）

保証人（ほしょうにん）	guarantor	担保人	보증인
サイン	signature	签字	사인
必要（な）（ひつよう）	necessary	需要	필요하다
おじさん	uncle	伯父、叔父、舅舅	아저씨
頼む（たの）	to ask (a favour)	请求	부탁하다

1課 会話

それですと	if that's the case; if so	那样的话	그렇다면
〜件（けん）	counter for items (cases/issues, etc.)	〜件	〜가지
（一・二・三・四）部屋（ひと・ふた・み・よ・へや）	(one, two, three, four) room(s)	（一个、两个、三个、四个）房间	방（한개・두개・세개・네개）
トイレ	toilet	洗手间	화장실
風呂（ふろ）	bath	洗澡间	욕실
別々（べつべつ）	separate	分别、分开	따로따로
キッチン	kitchen	厨房	부엌
分かれる（わ）	to become separated	分开	나누어지다
和室（わしつ）	Japanese-style room	日式房间	일본식 방
洋室（ようしつ）	Western-style room	西式房间	서양식 방
畳（たたみ）	tatami mat	榻榻米	다다미
暗い（くら）	dark	暗	어둡다
感じがする（かん）	to appear; to feel like	觉得	느낌이 들다
割と（わり）	relatively	比较	비교적
階段（かいだん）	stairs	楼梯	계단
エレベーター	elevator; lift	电梯	엘리베이터
監視カメラ（かんし）	surveillance camera	监控器	감시카메라
安全（な）（あんぜん）	safe	安全	안전하다
設備（せつび）	facility; equipment	设备	설비
管理費（かんりひ）	maintenance fee	物业费	관리비
月々（つきづき）	monthly	每月	매달
合わせる（あ）	to combine	加在一起	합치다
予算（よさん）	budget	预算	예산
決める（き）	to decide	选定	정하다
事務所（じむしょ）	office	事务所	사무소

語彙と表現の訳〈2課〉

～の方(ほう)	towards ～ ; in the direction of ～	～那边	～쪽
戻(もど)る	to return	返回	돌아가다

2課　本文

しかし	however; but	但是	하지만
路線網(ろせんもう)	transport network	线路网	노선망
発達(はったつ)(する)	to develop	发达	발달(하다)
交通費(こうつうひ)	transportation cost	交通费	교통비
電車賃(でんしゃちん)	train fare	电车费	전철비
心配(しんぱい)(する)	to worry	担心	걱정(하다)
定期券(ていきけん)	commuter pass; season ticket	月票	정기권
東京(とうきょう)メトロ	Tokyo Metro（subway）	东京地铁(地铁)	도쿄메트로(지하철명)
新宿三丁目(しんじゅくさんちょうめ)	Shinjuku San-chome（name of place）	新宿三丁目(地名)	신주쿠산초메(지명)
乗(の)り換(か)える	to transfer	换车	갈아타다
路線(ろせん)	transport route	线路	노선
時間(じかん)	time	时间	시간
値段(ねだん)	price	价钱	가격
違(ちが)う	to differ; to be different	不同	다르다
駅員(えきいん)	station staff	站务员	역무원
相談(そうだん)(する)	to consult	商量	상담(하다)
ルート	route	路线	경로
探(さが)す	to search; to look for	找	찾다
荻窪(おぎくぼ)	Ogikubo（name of place）	荻洼(地名)	오기쿠보(지명)
丸(まる)ノ内線(うちせん)	Marunouchi Line（subway）	丸之内线(地铁)	마루노우치센(노선명)
都営新宿線(とえいしんじゅくせん)	Toei Shinjuku Line（subway）	都营新宿线(地铁)	도에이신쥬쿠센(노선명)
説明(せつめい)(する)	to explain	说明	설명(하다)
～によると	according to ～	根据～的话	～에 따르면
全部(ぜんぶ)で	in total	一共	전부
始(はじ)まる	to begin; to start	开始	시작하다
始発駅(しはつえき)	starting station	起点站	시발역
ラッシュアワー	rush hour	上下班高峰时间	러시아워
席(せき)	seat	座位	자리

183

可能性(かのうせい)	possibility	可能性	가능성
領収書(りょうしゅうしょ)	receipt	收据	영수증
～代(だい)	～ charge	～费	～비
支給(しきゅう)(する)	to pay	支付	지급(하다)

2課　会話

調(しら)べる	to search in detail; to research	查	조사하다
特(とく)に	especially	特别	특히
待(ま)たせる	to make someone wait	让您等了	기다리게하다
約(やく)～	approximately ～	大约～	약～
ほか	other	其他	다른
やっぱり	as I previously thought; as common sense says	还是	역시
少々(しょうしょう)	a little	稍稍	잠시
札(さつ)	bill; (bank) note	纸币	지폐
預(あず)かる	to keep	收存、保管	받다
お返(かえ)し	change	(找的)零钱	거스름돈
確(たし)かめる	to confirm; to make sure	点清	확인하다
こちら	here	这边、这	이쪽
あちら	over there; that side	那边	저쪽
自動券売機(じどうけんばいき)	automatic ticket vending machine	自动售票机	자동판매기
販売(はんばい)(する)	to sell	销售、贩卖	판매(하다)
次(つぎ)	next	下次	다음
利用(りよう)(する)	to use	利用	이용(하다)
自動改札機(じどうかいさつき)	automatic ticket gate	自动检票机	자동개찰기
通(とお)す	to pass through	通过	통과하다

3課　本文

調子(ちょうし)	condition	状况	상태
頭(あたま)	head	头	머리
痛(いた)い	painful	疼	아프다
のど	throat	嗓子	목
熱(ねつ)がある	to have a fever	发烧	열이 있다

だるい	to feel weary	乏	나른하다
寒気がする	to feel chilly	发冷	오한이 나다
気分が悪い	to feel ill	身体不舒服	속이 메스껍다
吐き気がする	to feel nauseous; to feel like vomiting	想吐	구토가 나다
ひざ	knee	膝盖	무릎
ズキズキ痛い	to have a throbbing pain	一跳一跳地疼	욱신거리다
診る	to examine	看(病)	진찰하다
病院	hospital	医院	병원
診療所	clinic	门诊所	진료소
受付	reception counter	接待处、挂号处	접수
保険証	health insurance card	保险证	보험증
症状	symptoms	症状	증상
伝える	to tell; to inform	传达、告诉	말하다
待合室	waiting room	候诊室	대기실
しばらく	for a while	一会儿	잠깐
母親	mother	母亲	어머니
お年寄り	elderly person	老人	노인
風邪をひく	to catch a cold	患感冒	감기에 걸리다
せきをする	to cough	咳嗽	기침을 하다
知り合い	acquaintance	相识、朋友	아는 사이
診察室	medical examination room	诊室	진찰실
脈を測る	to take a person's pulse	量脉搏	맥을 재다
舌	tongue	舌头	혀
胸	chest	胸	가슴
背中	one's back	后背	등
聴診器	stethoscope	听诊器	청진기
当てる	to put	贴	대다
診断	diagnosis	诊断	진단
胃	stomach	胃	위
弱る	to become weak	减弱	약해지다
風邪気味	having a bit of a cold	有点儿感冒	감기기운

同僚(どうりょう)	colleague	同事	동료
酔(よ)っぱらう	to get drunk	醉	취하다
カラオケ	Karaoke bar	卡拉OK	노래방
二日酔(ふつかよ)い	hangover	宿醉	숙취
転(ころ)ぶ	to fall over	摔倒	넘어지다
薬(くすり)	medicine	药	약
(薬(くすり)を)出(だ)す	to give (medicine); to issue a prescription	开(药)	(약을) 내다

3課　会話

腕(うで)	arm	前臂	팔
反対側(はんたいがわ)	opposite side	相反一侧	반대편
上(あ)げる	to pull up	掀起来	올리다
(背中(せなか)を)出(だ)す	to show (one's back)	露出(后背)	(등을)보이다
下(お)ろす	to put down; to pull down	放下来	내리다
焼(や)き鳥(とり)	yakitori; skewered chicken	烤鸡肉串	닭꼬치구이
ひどい	terrible; awful	厉害	심하다
どこか	somewhere	什么地方	어딘가
打(う)つ	to hit	碰	부딪히다
おぼえている	to have a memory; to remember	记得	기억나다
1回分(かいぶん)	one dose	一次的量	일회분
(食事(しょくじ)を)とる	to have (a meal)	吃(饭)	(식사를)하다
お大事(だいじ)に	Take care.	请多保重	몸조리 잘 하세요
先生(せんせい)	doctor	医生	선생님

4課　本文

アルバイト	part-time job	临时工	아르바이트
四谷(よつや)	Yotsuya (name of place)	四谷(地名)	요쓰야(지명)
大学(だいがく)	university	大学	대학교
文学部(ぶんがくぶ)	faculty of letters	文学系	문학부
～年生(ねんせい)	～ th grade; year ～	～年级学生	～학년생
自由(じゆう)が丘(おか)	Jiyugaoka (name of place)	自由之丘(地名)	지유가오카(지명)
東急東横線(とうきゅうとうよこせん)	Tokyu Toyoko Line (train)	东急东横线(电车)	도큐도요코센(철도노선명)

語彙と表現の訳〈4課〉

通う	to commute	通勤、通学	다니다
渋谷	Shibuya (name of place)	涩谷(地名)	시부야(지명)
赤坂見附	Akasaka-mitsuke (name of place)	赤坂見附(地名)	아카사카미쓰케(지명)
カフェ	café; modern coffee shop	西餐馆	카페
喫茶店	coffee shop	咖啡厅	커피숍
旅行関係	travel related	与观光旅行有关的	여행관계
時給	hourly rate	计时工资	시급
授業	class; lesson	课	수업
募集(する)	to recruit	招募	모집(하다)
情報	information	消息、信息	정보
スタッフ	staff	工作人员	스탭
時間帯	time zone; shift	(特定的某段)时间	시간대
きつい	hard; difficult	够呛	어렵다
週～日	～ day(s) a week	每周～次	주～일
勤務時間	working hours	上班时间	근무시간
外れる	to be off	脱离、离开	벗어나다
あきらめる	to give up	死心	포기하다
結局	in the end; finally	结果	결국
希望通り	as one wishes	按照希望那样	희망대로
未経験者	inexperienced person	没体验过的人	미경험자
問い合わせ	inquiry	询问	문의
翌日	the next day	第二天	다음날
面接(する)	to interview	面试	면접(하다)

4課　会話

募集広告	recruitment advertisement	招募广告	모집광고
失礼ですが	excuse me	对不起	실례지만
18歳以上	over 18 years old	十八岁以上	십팔세 이상
キッチン	kitchen	厨房	주방
ウエイトレス	waitress	店员、服务员	웨이트레스
いっぱい	full	满	꽉 차다
また後で	later again	过后	또 다음에
あのう	well...; umm...	那个、嗯	저

平日（へいじつ）	weekday	平日	평일
休日（きゅうじつ）	holiday	假日	휴일
土日（どにち）	Saturdays and Sundays	星期六、日	토요일, 일요일
午後（ごご）	afternoon	下午	오후
経験（けいけん）	experience	经验、体验	경험
できれば	if possible	如果能的话	가능하면
履歴書（りれきしょ）	resume; CV	履历书	이력서
店長（てんちょう）	shop manager	店长	점장
どうも	Sorry.	对不起	네
失礼します（しつれい）	Goodbye.	再见	안녕히 계세요

5課　本文

緊急事態（きんきゅうじたい）	emergency	紧急状态	긴급사태
～の内に（うち）	within ～ ; during ～	～之内	～안에
何度も（なんども）	many times	多次、好几次	몇 번이나
向かう（む）	to head to	朝着	향하다
おばあさん	elderly woman	老奶奶	할머니
立ち止まる（たちど）	to stop walking	站住	멈추다
押さえる（お）	to press	按	움켜쥐다
座り込む（すわこ）	to crouch; to sit down	坐下不动	주저앉다
心配（な）（しんぱい）	worried	担心	걱정하다
話しかける（はな）	to talk to; to speak to	打招呼	말을 걸다
目をつぶる（め）	to close one's eyes	闭眼	눈을 감다
救急車（きゅうきゅうしゃ）	ambulance	急救车	구급차
苦しい（くる）	painful	痛苦	괴롭다
うなずく	to nod	点头	끄덕이다
携帯電話（けいたいでんわ）	mobile phone	手机	휴대폰
119番（ばん）	emergency number (ambulance and fire)	119（火警、急救）	일일구（화재, 사고）
遅刻（する）（ちこく）	to be late	迟到	지각（하다）
目の前（めまえ）	in front of one's eyes	眼前	눈앞
すごい	extraordinary	相当、非常	대단한
ぶつかる	to collide	撞	부딪치다

運転手（うんてんしゅ）	driver	司机	운전수
けが	injury	受伤	부상
怒る（おこる）	to get angry	生气	화내다
言い争う（いいあらそう）	to dispute	争吵	언쟁하다
その内に（そのうちに）	in a short while	其间	그러던 중
けんか	fight	打架	싸움
警察（けいさつ）	police	警察	경찰
110番（ひゃくとおばん）	emergency number (police)	110（匪警）	백십번（경찰）
パトカー	patrol car	警车	경찰차
警察官（けいさつかん）	policeman	警官	경찰관
通報（する）（つうほう）	to report	通报	통보（하다）
目撃者（もくげきしゃ）	eyewitness	目击者	목격자
遅れる（おくれる）	to be late	晚	늦다
消防車（しょうぼうしゃ）	fire engine	救火车	소방차
ラーメン屋（ラーメンや）	Chinese noodle shop	面馆儿	라면가게
煙（けむり）	smoke	烟	연기
火事（かじ）	fire (incident)	火灾	화재
避難（する）（ひなん）	to evacuate	避难	피난（하다）

5課　会話

どうしましたか	What happened?; What is wrong with you?	怎么了？	왜 그러세요？
だまる	to say nothing	沉默	잠자코 있다
救急（きゅうきゅう）	ambulance; first-aid	急救	구급사태
意識（いしき）	consciousness	意识	의식
詳しい（くわしい）	detailed	详细	자세하다
住居表示（じゅうきょひょうじ）	residence indication	住宅标示	주거표시
誘導（する）（ゆうどう）	to lead	引导	유도（하다）
落ち着く（おちつく）	to calm down; to settle	镇静下来	침착하다
ぶつける	to hit; to bump into	撞	들이받다
南口（みなみぐち）	south exit	南口	남쪽출구
交差点（こうさてん）	intersection	十字路口、交叉路口	교차점
様子（ようす）	situation	样子、情况	상황

6課　本文

友人（ゆうじん）	friend	朋友	친구
国内旅行（こくないりょこう）	domestic travel	国内旅行	국내여행
計画を立てる（けいかくをたてる）	to make a plan	定计划	계획을 세우다
～とも	all ～ ; both ～	～都	～모두
予定（よてい）	plan; schedule	预定	예정
話し合う（はなしあう）	to discuss	商量	얘기하다
自然（しぜん）	nature	自然	자연
観光（する）（かんこう）	to do sightseeing	观光	관광(하다)
温泉（おんせん）	hot spring	温泉	온천
文化的（な）（ぶんかてき）	cultural	文化的	문화적이다
伝統的（な）（でんとうてき）	traditional	传统的	전통적이다
美術（びじゅつ）	art	美术	미술
旅行代理店（りょこうだいりてん）	travel agency	观光旅行代理店	여행대리점
団体旅行（だんたいりょこう）	group tour	团体旅行	단체여행
個人旅行（こじんりょこう）	individual tour	个人旅行	개인여행
添乗員（てんじょういん）	tour conductor	旅游的陪同	가이드
移動（する）（いどう）	to move	移动	이동(하다)
宿泊（する）（しゅくはく）	to stay; to accommodate	住宿	숙박(하다)
任せる（まかせる）	to leave to someone	委托	맡기다
行き先（いきさき）	destination	要去的地方	행선지
行動（する）（こうどう）	to act; to behave	行动	행동(하다)
自由度（じゆうど）	degree of freedom	自由活动的程度	자유로움
一方（いっぽう）	on the other hand	一方面	반면
乗り物（のりもの）	transport; vehicle	交通工具	교통수단
予約（する）（よやく）	to reserve	预约	예약(하다)
面倒（めんどう）	trouble	麻烦	귀찮음
パッケージ・ツアー	package tour	(由旅行社承办的)包干旅行	패키지투어
日程（にってい）	itinerary	日程	일정
魅力的（な）（みりょくてき）	attractive	有魅力的	매력적이다
九州（きゅうしゅう）	Kyushu (name of place)	九州(地名)	규슈(지명)

高原（こうげん）	highland	高原	고원
由布院（ゆふいん）	Yufuin（name of place）	汤布院(地名)	유후잉(지명)
観光地（かんこうち）	tourist/sightseeing spot	观光胜地	관광지
提案（ていあん）（する）	to suggest	建议	제안(하다)
風景（ふうけい）	scenery	风景	풍경
美術館（びじゅつかん）	art museum; art gallery	美术馆	미술관
施設（しせつ）	facility	设施	시설
食事（しょくじ）	meal	吃饭	식사
福岡（ふくおか）	Fukuoka（name of place）	福冈(地名)	후쿠오카(지명)
特急（とっきゅう）	super express	特快	특급
ばらばら	separate	分散、分别	따로따로이다

6課　会話

決（き）まる	to be decided	决定	결정되다
時間（じかん）に縛（しば）られる	to be pressed for time	被时间束缚	시간에 쫓기다
とにかく	anyway; by any means	总之	어쨌든
それでしたら	if that's the case	那样的话	그러시다면
〜泊（はく）	〜 night(s)	〜宿	〜박
お得（とく）（な）	economical	便宜、合算	실속있다
設定（せってい）	arrangement	设定	설정
待（ま）ち時間（じかん）	waiting time	等的时间	대기시간
有効（ゆうこう）（な）	efficient	有效	유효하다
大分県（おおいたけん）	Oita prefecture	大分县	오오이타켄(지명)
景色（けしき）	scenery	景色	경치
ハイキング	hiking	徒步旅行	하이킹
サイクリング	cycling	自行车旅行	사이클링
工芸品（こうげいひん）	handicraft	工艺品	공예품
骨董品（こっとうひん）	antique	古董	골동품
自家製（じかせい）	homemade	自制的	직접 만듦
〜のみ	only 〜	只〜	〜만
〜名（めい）	〜 person(s)	〜名	〜명

7課　本文

暑中見舞い（しょちゅうみまい）	summer greetings	暑期问候的信	여름 안부 편지
以前（いぜん）	before	以前	이전
仕事上の（しごとじょうの）	business related	工作上的	업무상의
知り合い（しりあい）	acquaintance	相识、朋友	아는 사이
友人（ゆうじん）	friend	朋友	친구
普段（ふだん）	usually; everyday	平时	보통
やり取り（やりとり）	exchange	互换	교환
年賀状（ねんがじょう）	New Year's card	贺年片	연하장
やはり	as I previously thought; as common sense says	还是	역시
はがき	postcard	明信片	엽서
ビジネス	business	工作	비지니스
付き合う（つきあう）	to associate	交往	만나다
季節のあいさつ（きせつのあいさつ）	seasonal greetings	季节问候	계절인사
郵便局（ゆうびんきょく）	post office	邮局	우체국
〜用（よう）	for 〜 (use)	〜用	〜용
連絡を取る（れんらくをとる）	to contact; to communicate	取得联系	연락을 하다
無難（な）（ぶなん）	safe	没有麻烦、较为妥当的	무난하다
文面（ぶんめん）	content (of a letter)	字面	내용
近況（きんきょう）	recent situation	近况	근황
数行（すうぎょう）	several lines	几行	몇 줄
付け加える（つけくわえる）	to add	加上	덧붙이다
ご無沙汰しております（ごぶさたしております）	I am sorry that I haven't contacted you for a long time.	久未通信	오래간만에 인사드립니다
いかがお過ごしでしょうか（いかがおすごしでしょうか）	How are you getting along?	过得怎么样？	어떻게 지내십니까?
慣れる（なれる）	to become used to	习惯	익숙하다
封書（ふうしょ）	sealed letter	书信	봉인우편
表（おもて）	front side	正面	앞면
裏（うら）	back side	反面	뒷면
あて先（あてさき）	send-to address	收信人的地址	주소
順番（じゅんばん）	order	顺序	순서
一段下げる（いちだんさげる）	to indent	往下一行	한 단 내리다

礼儀(れいぎ)	manners; etiquette	礼貌、礼节	예의
親しい(した)	intimate; close	亲密	친하다

7課 会話

ございます	to be	有	있습니다
どちら	which	哪一个	어느 쪽
よろしい	good	好	좋다
以上(いじょう)でよろしいでしょうか	Is that everything?	以上这些可以了吗？	더 필요하신 건 없으십니까?
大学時代(だいがくじだい)	university days	大学时代	대학시절
久(ひさ)しぶり	It's been a while.; Long time no see.	好久不见	오래간만
敬語(けいご)	honorifics	敬语	경어
丁寧(ていねい)(な)	polite	客气的、有礼貌的	정중하다
謙譲語(けんじょうご)	humble expression	自谦语	겸양어
尊敬語(そんけいご)	honorific expression	尊敬语	존경어
失礼(しつれい)(な)	rude	失礼、不礼貌	실례다
そうか	I see.	是吗？	그렇구나
専門(せんもん)	specialty	专业	전문적
～ば(っ)かり	only ～	光～	～뿐만
先輩(せんぱい)	one's senior	比自己资格老的同事、同学等	선배
注意(ちゅうい)(する)	to warn	提醒、警告	지적(하다)
頑張(がんば)りなさいよ	Try to do your best!	要努力干啊	열심히 해
わかってるよ	I know.; Don't say more.	知道啦	알고 있어
電話(でんわ)(を)切(き)る	to hang up	挂上电话	전화(를) 끊다

8課 本文

玄関(げんかん)	entrance	门口	현관
出口(でぐち)	exit	出口	출구
古新聞(ふるしんぶん)	old newspaper	旧报纸	헌 신문
古雑誌(ふるざっし)	old magazine	旧杂志	헌 잡지
積(つ)み上(あ)げる	to pile up	堆起来	쌓아 올리다
古紙(こし)	old paper	废纸、烂纸	폐지

回収（する）（かいしゅう）	to collect	回收	수거(하다)
ひも	string	绳子	줄
縛る（しばる）	to tie	绑	묶다
置き場（おきば）	place to put things	放～处	수거장
都会（とかい）	city	城市、都会	도회지
深刻（な）（しんこく）	serious	深刻	심각하다
リサイクル（する）	to recycle	（废品）再利用	재활용(하다)
燃やす（もやす）	to burn	烧	태우다
埋める（うめる）	to bury	埋	묻다
資源ごみ（しげん）	recyclable waste	资源垃圾	재활용 쓰레기
パック	pack	包装袋	팩
再生（する）（さいせい）	to recycle	再生	재생(하다)
製品（せいひん）	product	产品	제품
アルミ缶（かん）	aluminum can	铝罐	알루미늄캔
スチール缶（かん）	steel can	铁罐	스틸캔
ガラス瓶（びん）	glass bottle	玻璃瓶	유리병
ペットボトル	PET bottle	塑料瓶	페트병
洗濯機（せんたくき）	washing machine	洗衣机	세탁기
電気製品（でんきせいひん）	electrical appliance	电气产品	전기제품
捨てる（すてる）	to throw away	扔	버리다
処理業者（しょりぎょうしゃ）	(waste) disposal services	负责处理的公司	처리업자
束ねる（たばねる）	to bundle	捆	묶다
管理人さん（かんりにん）	caretaker; janitor	（公寓等的）管理员	관리인
注意（する）（ちゅうい）	to warn	提醒、警告	지적(하다)
ファックス	facsimile; fax	传真	팩스
～用（よう）	for ～ (use)	～用	～용
感熱紙（かんねつし）	thermal sensitive paper	热敏纸	감열지
特殊（な）（とくしゅ）	special; unusual	特殊	특수하다
規則（きそく）	rule	规则	규칙
キャップ	cap	盖儿	뚜껑
外す（はずす）	to take off	取下、摘掉	떼다
協力（する）（きょうりょく）	to cooperate	协作	협력(하다)

賛成(する)	to agree; to approve	赞成	찬성(하다)
反対(する)	to oppose; to be against	反对	반대(하다)
種類別	by category	按种类～	종류별
分ける	to separate	分开	나누다
面倒(な)	troublesome	麻烦	귀찮다

8課　会話

束	bundle	捆、束	묶음
え？	What?	欸？	예？
化学物質	chemical substance	化学物质	화학물질
～まま	as it is	照原样～	～그대로
ちゃんと	properly	好好地	잘
洗う	to wash	洗	씻다
開く	to open	拆开	펼치다
乾かす	to dry	晾干	말리다
重ねる	to stack	摞	포개다
業者	trader	(回收)行业	업자
ボタン電池	button type battery cell	钮扣电池	버튼 전지
有害ごみ	harmful waste	有害垃圾	유해 쓰레기
扱い	handling	当～来处理	취급
乾電池	dry-cell battery	干电池	건전지
広報	public relations newsletter	宣传页	홍보물
分別(する)	to separate	分别	분별(하다)
ウェブページ	web page	网页	홈페이지

9課　本文

満足(する)	to be satisfied	满意	만족(하다)
苦情	complaint	不满的意见、投诉	불평
レジ	cash register	收款处	계산대
渡す	to pass	递给	건네주다
電話に出る	to pick up the phone	接电话	전화받다
謝る	to apologize	道歉	사과하다
来店(する)	to come to the shop	来店	방문(하다)

無料(むりょう)	free of charge	免费	무료
さしあげる	to give	赠送	드리다
許す(ゆるす)	to forgive	原谅	용서하다
大切にする(たいせつにする)	to value	珍惜、爱护	소중히 하다
怒る(おこる)	to get angry	生气	화내다
抱く(だく)	to hold in one's arms	抱	안다
〜に向かって(むかって)	towards 〜	朝着〜	〜을/를 향하다
ほえる	to bark	吼叫	짖다
セロハン	cellophane	玻璃纸	셀로판
毛(け)	hair	毛	털
迷惑がかかる(めいわくがかかる)	to be of trouble	添麻烦	폐 끼치다
やわらかい言い方(いいかた)	gentle way of saying	婉转的说法	정중한 말투
ところが	however, but	但是	하지만
スケートボード	skateboard	滑板	스케이트보드
かみつく	to bite	咬住	물다
(困った)顔をする((こまった)かおをする)	to have a (troubled) look	(为难的)神色	(곤란한)얼굴을 하다

9課　会話

お宅(たく)	your shop	贵处	그 가게
者(もの)	person	人	사람
申し訳ございません(もうしわけございません)	I am sorry.	对不起	죄송합니다
菜食主義(さいしょくしゅぎ)	vegetarian	素食主义	채식주의
あしたにでも	tomorrow, for example	明天也行	내일이라도
いらして(いらっしゃって)	to come	来	오셔
おっしゃる	to say	说	말씀하시다
では、失礼します(しつれいします)	Goodbye.	再见	그럼, 안녕히 계세요
おとなしい	quiet; gentle	老实	얌전하다
先程(さきほど)	some time ago	刚才	아까
店内(てんない)	in the shop	店内	가게 안
びっくり(する)	to be surprised	吃惊、吓了一跳	깜짝(놀라다)
どうかよろしくご協力(きょうりょく)お願い(ねがい)します	I would be grateful for your cooperation.	请予以协作	아무쪼록 협력 부탁드립니다
寂しい(さびしい)	lonely	寂寞	외롭다

スケボー	skateboard	滑板	보드
飼い主	pet owner	饲养主	주인
歯のあと	bite mark	牙印	이빨자국
文句	complaint	意见、牢骚	불만
どうしてくれるんですか！	How will you fix it!?	怎么办！	어떻게 해줄거예요?

10課　本文

自炊（する）	to cook one's own meal	自己作饭	자취(하다)
外食（する）	to eat out	在外吃饭	외식(하다)
トースト（する）	to toast（bread）	烤面包	토스트(하다)
バター	butter	黄油	버터
ジャム	jam	果酱	잼
塗る	to spread	涂	바르다
実家	one's parents' home	老家、娘家、婆家	친가
台所用品	kitchen utensils	厨房用品	조리용품
金物屋	hardware shop	五金行	그릇가게
なべ	pot	锅	냄비
フライパン	frying pan	平底炒菜锅	프라이팬
包丁	kitchen knife	菜刀	부엌칼
まな板	cutting board	案板	도마
とりあえず	tentatively	暂时、姑且	우선
炊飯器	rice cooker	电饭锅	밥솥
あきれる	to be astounded; to be amazed	惊讶	기가 막히다
ご飯を炊く	to cook rice	煮饭	밥을 짓다
米	rice	米	쌀
しばらく	for a while	一会儿	잠시
ざる	strainer	笊篱	체
水を切る	to strain	掉水	물기를 빼다
量	amount; quantity	量	양
ふたをする	to put the lid on	盖上盖儿	뚜껑을 덮다
弱火	low heat	微火	약한 불
炊く	to boil（till the ingredients absorb the water）	煮	밥짓다

沸騰(する)	to boil	沸腾	끓다(비등하다)
吹きこぼれる	to boil over	煮开溢出	흘러넘치다
余熱	residual/retained heat	余热	남은 열
蒸らす	to steam	焖	뜸들이다
カレー	curry	咖喱	카레
厚手のなべ	thick pot	厚锅	두꺼운 냄비
サラダ油	cooking/salad oil	生菜油	식용유
熱する	to heat up	烧热	달구다
一口大	bite size	能一口吃掉的大小	한입크기
いためる	to stir-fry	炒	볶다
加える	to add	加	넣다
あくを取る	to scoop the scum away	去掉泡沫	불순물을 걸러내다
材料	ingredient	材料	재료
柔らかい	soft	软	부드럽다
中火	medium heat	中火	중간불
煮込む	to stew	炖烂	익히다
いったん	once for a while	暂且	일단
(カレー)ルウ	(curry) stock cube	咖喱砖	(카레)루
割る	to break off	分、切	쪼개다
溶かす	to melt	融化	녹이다
再び	again	再次	다시
とろみが付く	to get thicker	稠糊起来	걸쭉해지다
意外と	unexpectedly	意外	의외로
レシピ	recipe	烹调方法	레시피

10課 会話

ゆでる	to boil	焯	데치다
煮る	to boil; to simmer	煮	삶다
辺り	area around	这一带	주변
関西	Kansai (name of place)	关西(地名)	간서(지명)
火を通す	to cook	加热	익히다
お湯	boiling water	开水	끓인 물
味を付ける	to season	调味	간을 하다

なじむ	to blend	进味儿	배어들다
じっくり	for a sufficient length of time	慢慢地	푹
スープ	soup	汤	스프
パスタ	pasta	面食类	파스타
シチュー	stew	炖菜	스튜
焼く	to grill; to bake; to pan fry	烤、煎	굽다
油	oil	油	기름
鉄板	hot plate; iron plate	铁板	철판
網	grill	铁丝网	석쇠
オーブン	cooking oven	烤炉、烤箱	오븐
混ぜる	to mix	掺	섞다
なるほど	I see.	原来如此	그렇구나
揚げる	to deep fry	炸	튀기다
フライにする	to fry	（西餐的）油炸	프라이하다
もう！	Enough!	好啦	됐어!
詳しい	detailed	详细	자세하다
急（な）	sudden	突然	갑작스럽다
～なんか	such a thing as ～	～什么的	～따위
（会社を）首になる	to get fired（from one's job）	（被公司）解雇	（회사에서）잘리다
料理屋	restaurant	饭馆儿	음식점
～ように	I advise you that ～	～希望	～도록

11課　本文

伝言	message	传话、口信	말 전하기
待ち合わせる	to meet by appointment	约会	만나다
原宿駅	Harajuku Station	原宿站	하라주쿠역
竹下口	Takeshita-guchi exit (name of a station exit)	竹下口（车站出口名）	다케시타구치（역 출구의 이름）
改札	ticket gate	检票	개찰구
メモ	memo	便条	메모
残す	to leave	留	남기다
ゴルフ	golf	高尔夫	골프
同窓会	class reunion	同窗会	동창회

サラダ	salad	色拉	샐러드
クロワッサン	croissant	月牙形小面包	크로와상
アルバイト先	place of part-time work	打工的地方	아르바이트 가게
変更(する)	to change	变更	변경(하다)
自宅	one's home	自己的住宅	집
留守番電話	answering machine	留言电话	자동응답전화
メッセージ	message	留言	메시지
電源が入る	to be switched on	开电源	전원이 켜지다
伝わる	to be conveyed	传到	전해지다
届く	to reach	送到	오다

11課 会話

先程	sometime ago	刚才	조금 전
(電話を)～に替わる	to get someone (on the phone)	换接(电话)	(전화를)～에게 바꾸다
手が離せない	busy doing something else	腾不开手	정신없이 바쁘다
急病	sudden illness	急病	갑작스런 병
足りる	to be sufficient	不够	충분하다
代わりに	instead (of)	代替	대신
ただいま	right now; at the moment	现在	지금
発信音	tone	提示音	발신음
ご用件	your business	事情	용건

12課 本文

海外	overseas	海外	해외
交換留学	student exchange	交换留学	교환유학
電子辞書	electronic dictionary	电子辞典	전자사전
秋葉原	Akihabara (name of place)	秋叶原(地名)	아키하바라(지명)
電気街	Electric town	电气街	전자상가(지명)
電気製品	electrical appliance	电气产品	전기제품
集中(する)	to gather	集中	모여(있다)
値切る	to discount	还价	깎다
カタログ	catalogue	目录	카탈로그
製品	product	产品	제품

機能(きのう)	function	机能	기능
評判(ひょうばん)	reputation	评价	평판
機種(きしゅ)	type (of machine)	机种	기종
(候補を)絞る(こうほをしぼる)	to narrow down (the target)	集中、缩小(候选范围)	(후보를) 추리다
定価(ていか)	retail price	定价	정가
第一候補(だいいちこうほ)	first choice; first option	第一候选	제일순위
割引率(わりびきりつ)	discount rate	折扣率	할인율
最新型(さいしんがた)	the latest model	最新型号	최신형
携帯性(けいたいせい)	portability	携带性	휴대성
デザイン	design	设计	디자인
表示(ひょうじ)	display	表示	표시
特徴(とくちょう)	characteristics	特征	특징
英和辞典(えいわじてん)	English-Japanese dictionary	英和词典	영일사전
和英辞典(わえいじてん)	Japanese-English dictionary	和英词典	일영사전
英英辞典(えいえいじてん)	English-English dictionary	英英词典	영영사전
類義語辞典(るいぎごじてん)	thesaurus	同义词词典	유의어사전
国語辞典(こくごじてん)	Japanese dictionary	国语词典	국어사전
漢字辞典(かんじじてん)	kanji dictionary	汉字词典	한자사전
～冊(さつ)	～ book(s)	～册	～권
電気屋(でんきや)	electric appliance store	电器商店	전기제품가게
確かめる(たしかめる)	to check	查明、弄清	확인하다
クレジットカード	credit card	信用卡	신용카드
しかも	moreover	而且	게다가
～用(よう)	for ～ (use)	～用	～용

12課　会話

お買い得(な)(おかいどく)	bargain; good buy	买得合算	싸게 사다
～％引き(びき)	～% off	减价～%	～퍼센트 할인
現金(げんきん)	cash	现金	현금
～のみ	only ～	只有～	～만
ぎりぎり	close to the limit	最大限度	최대한
無理(な)(むり)	impossible	难以办到、勉强	무리다

13課　本文

郵便(ゆうびん)	postal mail	邮件	우편
長さ(ながさ)	length	长度	길이
幅(はば)	width	宽度	폭
厚さ(あつさ)	thickness	厚度	두께
縦(たて)	length	长、纵	세로
横(よこ)	width	宽、横	가로
高さ(たかさ)	height	高	높이
奥行き(おくゆき)	depth	深	안길이
センチ	centimeter	公分	센티미터
グラム	gram	克	그램
重さ(おもさ)	weight	重	무게
郵便局(ゆうびんきょく)	post office	邮局	우체국
文房具屋(ぶんぼうぐや)	stationary shop	文具店	문구점
クッション入り封筒(いりふうとう)	padded envelope	垫有缓冲材料的信封	쿠션봉투
あて名(な)(あて先(さき))	send-to address	收件人姓名(收件人地址)	수신인(수신처)
番号券(ばんごうけん)	numbered ticket	顺序号码条	번호표
窓口(まどぐち)	service counter	窗口	창구
係の人(かかりのひと)	service staff; person in charge	担当的人	담당자
緑色(みどりいろ)	green	绿色	녹색
申告書式(しんこくしょしき)	declaration form	申报表样式	신고서식
シール	sticker	贴纸	전표
渡す(わたす)	to hand in; to hand out	递给	건네다
記入(する)(きにゅう)	to fill in	填写	기입(하다)
中身(なかみ)	content	内容	내용물
欄(らん)	box/blank to fill in	栏	란
量る(はかる)	to weigh	称	재다
小型包装物(こがたほうそうぶつ)	small packet	小包裹	소형포장물
扱い(あつかい)	handling	当~处理	취급
船便(ふなびん)	sea mail	平邮	배편

SAL(エコノミー航空便)	economy air (Sea Air and Land)	SAL(经济航空邮件)	에스에이엘(이코노미 항공편)
航空便	airmail	空邮	항공편
EMS(国際スピード郵便)	international express mail (Express Mailing System)	EMS(国际快递邮件)	이엠에스(국제 스피드우편)
日数	number of days	天数	날짜

13課　会話

お越しください	Please come.	请到～	와 주십시오
電子機器	electronic device	电子机器	전자기기
壊れる	to get broken	损坏	파손되다
～まま	as it is ～	原样～	～그대로
衝撃吸収材	shock absorber	缓冲材料	충격흡수재
食品	food product	食品	식품
輸入(する)	to import	进口	수입(하다)
うるさい	strict; fastidious	麻烦	까다롭다
ビジネス文書	business document	业务公函	비지니스문서
商品サンプル	commercial sample	商品样品	상품견본
確実(な)	certain; definite	确切	확실하다
届ける	to deliver	送到	보내다
どうしても	by any means	怎么也得～	아무리해도

14課　本文

結婚式	wedding ceremony	婚礼	결혼식
招待(する)	to invite	邀请	초대(하다)
親友	best friend	好朋友	친한 친구
花嫁	bride	新娘	신부
困る	to become troubled	为难	난처하다
服	clothes	服装	옷
お祝い	celebration	贺礼	축의금
友人代表	representing one's friends	朋友代表	친구대표
スピーチ(する)	to make a speech	致词	스피치(하다)
決まりごと	rules; convention	规矩	정해진 것
真っ白(な)	pure white	纯白色	새하얗다

お札	bill; (bank) note	纸币	지폐
別れる	to become separated; to part	分别	헤어지다
切れる	to cut	切断	끊어지다
割れる	to break; to smash	破裂	깨지다
縁起が悪い	unlucky; ill-omened	不吉利	재수가 없다
縁起がいい	lucky; auspicious	吉利	재수가 좋다
１万円札	ten-thousand yen bill/note	1 万日元的钞票	만원지폐
替える	to change	换	바꾸다
スーツ	suit	西服	양복
カラーシャツ	colored shirt	带颜色的衬衫	컬러셔츠
派手(な)	colorful; bright color	鲜艳	화려하다
ネクタイ	necktie	领带	넥타이
注意(する)	to be careful; to be cautious	提醒	주의(하다)
式	ceremony	典礼	식
当日	on the day	当天	당일
披露宴	wedding reception	喜宴	피로연
会場	venue	会场	식장
席	seat	座位	자리
どきどき(する)	to throb	忐忑不安	두근두근(하다)
順番	one's turn	顺序	순서
緊張(する)	to get nervous; to become tense	紧张	긴장(하다)
耳に入る	to be heard	听见	들리다
ついに	at last	终于	드디어
立ち上がる	to stand up	站起来	일어나다
マイク	microphone	麦克风	마이크
用意(する)	to prepare	准备	준비(하다)
原稿	manuscript	稿子	원고
震える	to shake	发抖	떨리다
汗	sweat	汗	땀
戻る	to return	返回	돌아가다
拍手(する)	to clap one's hands; to applaud	鼓掌	박수(치다)

14課　会話

新郎 (しんろう)	bridegroom	新郎	신랑
～より	from ～	由～	～로 부터
お言葉をいただく (ことば)	to have a word	请～致词	말씀을 듣다
同級生 (どうきゅうせい)	classmate	同期同学	동급생
同い年 (おなどし)	same age	同齢	동갑
お手本 (てほん)	(role) model	榜样	표본
成績 (せいせき)	academic grade; result	成绩	성적
試験 (しけん)	examination	考试	시험
点数 (てんすう)	points; score	分数	점수
授業中 (じゅぎょうちゅう)	during the class	上课时	수업중
気付く (きづく)	to notice	注意到	들키다
こっそり	sneakingly	悄悄地	몰래
そのほか	other	其他	그 외
偉大(な) (いだい)	great	伟大	위대하다
うれしい	glad; happy	高兴	기쁘다
追い付く (おいつく)	to catch up	赶上、追上	따라잡다
頼りがいがある (たよ)	reliable	可以信赖、可以依靠	기댈 수 있다
未来 (みらい)	future	未来	미래
永遠 (えいえん)	eternity; forever	永远	영원
幸せ (しあわせ)	happiness	幸福	행복
心から (こころ)	from one's heart	衷心	진심으로
祈る (いのる)	to wish	祝愿	빌다
新婦 (しんぷ)	bride	新娘	신부
サークル	circle; club	（课外活动）小组	서클
後輩 (こうはい)	one's junior	比自己低年级的学生	후배
～でいらっしゃる	to be ～	是～	～이신
ケーキ入刀 (にゅうとう)	cutting the cake	（婚礼时）切蛋糕	케이크절단
乾杯(する) (かんぱい)	to toast	干杯	건배(하다)
食事(する) (しょくじ)	to have a meal	吃饭	식사(하다)
大汗(を)かく (おおあせ)	to sweat a lot	大汗淋漓	땀(을) 뻘뻘 흘리다
ほのぼのとしている	warmhearted	暖人心房	따스하다

そんなことないですよ	That's not so.	哪里哪里	그렇지 않아요

15課　本文

意気投合(する)	to hit it off	意气相投	의기투합(하다)
話	topic; talk	话题	이야기
盛り上がる	to liven up; to get excited	热烈	분위기가 무르익다
約束(する)	to make an appointment; to promise	约定	약속(하다)
お互い	mutual	互相	서로
交換(する)	to exchange	交换	교환(하다)
アーティスト	artist	艺术家	아티스트
ライブ	live	现场演唱会	라이브공연
誘い	invitation	邀请	초대
予定	plan; schedule	预定	예정
明治時代	Meiji era (name of imperial era)	明治时代	메이지시대
国際的(な)	international	国际性	국제적이다
港町	port town	港口城市	항구도시
外国人	foreigner	外国人	외국인
エキゾチック(な)	exotic	异国情调	이국적이다
雰囲気	atmosphere	气氛	분위기
おしゃれ(な)	fashionable	时髦	멋있다
デートスポット	dating spot	约会场所	데이트장소
中華街	China town	中华街(唐人街)	중화거리(지명)
歴史的(な)	historical	历史性的	역사적이다
建物	building	建筑	건물
文化施設	cultural facility	文化设施	문화시설
開始(する)	to begin; to start	开始	시작(하다)
開場(する)	to open a door	开场	개장(하다)
会場	venue	会场	회장
港	port	港口	항구
軽い食事	light meal	简单的饭食、便餐	가벼운 식사
チケット	ticket	票	티켓

～に詳しい	being knowledgeable about ～; to know ～ in detail	详知～	～에 대해 잘 알고 있다
おすすめ	recommendation	推荐	추천
スポット	spot	场所	장소
確認(する)	to confirm; to make sure	确认	확인(하다)
石川町	Ishikawacho (name of place)	石川町(地名)	이시카와초(지명)
山下公園	Yamashita Park	山下公園	야마시타공원
港の見える丘公園	Minato-no-Mieru-Oka Park	港见丘公園	미나토노미에루오카공원
ランドマークタワー	Landmark Tower (name of building)	陆上标志塔(建筑名称)	랜드마크타워(건물명)
当日	on the day	当天	당일
楽しむ	to enjoy	享受	즐기다
たっぷり	fully; a lot; plenty	充分	맘껏

15課　会話

夕方	early evening	傍晚	저녁
ハチ公前	Hachiko-Mae Square	八公忠犬铜像前广场(地名)	하치코우 앞 광장
チケットセンター	ticket center	售票中心	티켓센터
ライブハウス	live house	室内演奏场馆(live house)	라이브하우스
全席自由	all seats are non-reserved	全部是自由席	전자유석
1ドリンク付き	including one drink	带一瓶饮料	음료수 한잔 포함
別	separate; not included	另外	별도
開演(する)	to start performing	开演	공연시작(하다)

著者
萩原一彦
　上智大学大学院文学研究科国文学専攻博士課程前期修了。文学修士、学術博士（Ph. D）
　ニュージーランド国立ワイカト大学日本語学科講師を経て、
　現在　オーストラリア国立クイーンズランド大学言語文化学科　日本語学講師

装幀・本文デザイン
柳本あかね

イラスト
内山洋見

翻訳
萩原一彦（英語）
徐前（中国語）
姜瑢嬉（韓国語）

ストーリーと活動で自然に学ぶ日本語
いつかどこかで

2008年3月3日　初版第1刷発行
2025年9月18日　第10刷発行

著　者　　萩原一彦（はぎわらかずひこ）
発行者　　藤嵜政子
発　行　　株式会社　スリーエーネットワーク
　　　　　〒102-0083　東京都千代田区麹町3丁目4番
　　　　　　　　　　　トラスティ麹町ビル2F
　　　　　電話　03(5275)2722（営業）
　　　　　https://www.3anet.co.jp/
印　刷　　倉敷印刷株式会社

ISBN978-4-88319-462-9 C0081
JASRAC 出 0715604-510
落丁・乱丁本はお取替えいたします。
本書の内容についてのお問い合わせは、弊社ウェブサイト「お問い合わせ」よりご連絡ください。
本書の全部または一部を無断で複写複製（コピー）することは著作権法上での例外を除き、禁じられています。

ストーリーと
活動で
自然に学ぶ
日本語

いつかどこかで

別冊1

文法練習と読解練習の解答例

スリーエーネットワーク

文法練習と読解練習の解答例

1課

文法練習

1. ① 車，壊れない，荷物がたくさん載せられる，値段があまり高くない
   ② 野球，ソフトボール，ボールの大きさ，ピッチャーの投げ方
2. ① 母，迎えに来てくれる
   ② 山田さん，傘を持って来る
3. 地下鉄の駅では、たばこを吸ってはいけないことになっています。

読解練習

1. （田中さんの会社には社宅は）ない。
2. （田中さんの会社は部屋探しを）手伝ってくれない。
3. ・会社まで1時間以内で行けること。
   ・買い物に便利なこと。
   ・歩いて電車の駅に行けること。
   ・1か月の家賃が10万円以下であること。
   ・南向きの部屋があること。
4. （田中さんの）会社が新宿にあるから。
5. 6万6千円の部屋。
6. （5万円の部屋は）狭かったから。
7. （家賃6万9千円と管理費5千円、合わせて）7万4千円（払わなければならない）。
8. 東京に住んでいるおじさん（に頼んだ）。

2課

文法練習

1-1. ① で ② と，と，で／や，や，で
1-2. ① 値段，サービス ② 売っている国，サイズ ③ 人生経験，考え方
2. ① 隣の人，燃えないごみの日は月曜日に変わった
   ② 新聞，来月市バスが値上げする
3. いろいろな料理を食べましたが、やっぱりわたしには母の手料理がいちばんです。

4．① お　② ご　③ お　④ ご　⑤ お　⑥ ご

読解練習

1．電車には乗っていなかった。(田中さんはどこへ行くのにも車を使っていた。)
2．(東京では)電車の方が便利。
3．武蔵小金井から新宿三丁目まで(定期券を買った)。
4．3か月(の定期券を買った)。
5．ＪＲ中央，荻窪，東京メトロ丸ノ内
6．38,330円(で買った)。
7．(自動券売機で)買える。
8．領収書(を持って行く)。

3課

読法練習

1－1．① 助けてくれる人がいない
　　　② いい友達を持っている
1－2．雨の日はバスがなかなか来ない。それに、どのバスもとても込んでいる。
2．猫はおなかがすいているらしくて、にゃーにゃー言ってわたしのそばに来る。
3．すみません、実は、風邪をひいてしまって、まだレポートが書けていないんです。
4．友達に電話しようと思っていたところに、その友達から電話がかかってきた。

読解練習

1．① 頭，のど　② 熱　③ だるい　④ 寒気　⑤ 気分　⑥ 吐き気
2．保険証(を出した)。
3．会社の同僚と酒を飲みに行って、酔っぱらって、カラオケで歌を歌った。
4．酔っぱらって駅の階段で転んだから。
5．(軽い物なら)食べてもいい。
6．家に帰ったらすぐと晩ご飯の後(に薬を飲むように言った)。

4課

文法練習

1. この仏像は、顔が三つと手が6本あります。
2. 日本語は、おもしろいし、仕事のときに役に立つと思ったからです。
3. 友達の携帯電話に電話した。すると、友達のお母さんが出て、友達は携帯電話を家に忘れて行ったと言った。
4. 次の山田駅行きのバスは10時半になります

読解練習

1. 自由が丘（に住んでいる）。
2. 四谷（にある）。
3. 渋谷と赤坂見附（で乗り換える）。
4. カフェ、喫茶店、パン屋、ケーキ屋、ホテル、旅行関係の仕事（をしたいと思っている）。
5. （遠い所でもいいとは）思っていない。
6. （週に）3日（できる）。
7. 希望通りではなかった。
8. ・渋谷が川島さんの乗り換え駅だったから。
   ・働く日や勤務時間を希望通りにしてくれそうだったから。
   ・未経験者でもできる仕事だったから。
   ・電話で問い合わせをしたときにいちばん親切だったから。
9. サンドイッチ屋に電話をかけた翌日（に行く）。

5課

文法練習

1. ① 自 ② 他 ③ 他 ④ 自
2. 最近ちょっと太っちゃった。
3. ① B ② A ③ B ④ A ⑤ B ⑥ A
4. コーヒーを飲もう

読解練習

1. おばあさん（が歩いていた）。
2. （急に）立ち止まって、胸を押さえて、その場に座り込んでしまった。
3. 119番（にかけた）。
4. 6、7分（かかった）。
5. 交通事故（を見た）。
6. （2人とも）けがはしなかった。
7. 110番（に電話した）。
8. 怒られなかった。
9. パン屋の隣のラーメン屋が火事になって、店長がもう店を閉めると言ったから。

6課

文法練習

1. ① でき，め ② られる，て ③ ことはでき
2. ① 遅刻して先生に怒られることになりますよ。
   ② 後で後悔することになりますよ。
   ③ エレベーターではなく、階段を利用していただくことになります。
3. 今度の旅行は北海道まで船で行くことにしました。

読解練習

1. 2、3日（の予定で旅行したいと考えている）。
   忙しくて長い休みが取れないから。
2. （寺田さんは）きれいな山や湖を観光したり、温泉に入ったりしたいと言っている。
3. 旅行代理店の人（に相談することにした）。
4. 旅行中のことを、全部添乗員に任せることができる点／こと。
5. 行動の自由度が高い点／こと。
6. （九州の）由布院。
   49,800円で、飛行機、電車、宿泊と、食事が4回付いている。
   （普通に予約するより）2万円以上（お得）。
7. （吉井さんは）美術館や、骨董品、工芸品の店を見ることができる。
8. 和室。

7課

[文法練習]

1. ・試験のシーズンなので学生はみんな勉強に忙しい。
   ・タイマー録画したビデオを見るのに忙しくて、今やっている番組を見る暇がない。
   ・え？ 何？ 食べるのに忙しくて、聞いてなかったよ。ごめん。
2. ① いろいろな人と会ってきましたが、あなたみたいに素敵な人は初めてです。
   ② わたしは前より日本語がわかるようになってきました。
3. ① いろいろ新しいことを経験していきたいです。
   ② 勉強を頑張って続けていきたいと思います。
4. ・さっきご飯を食べたばかりなのに、もうおなかがすいてきた。
   ・日本に来たばかりのときは、日本語が話せませんでした。
5. 車と違って、バイクは乗るときにヘルメットが必要だ。

[読解練習]

1. 暑中見舞いを書くのに忙しい。
2. あまり会わない。
3. あまり上手ではない。
4. （封書と）同じではない。
5. インターネットのカードサービスから送る。
6. 海の絵のはがきを50枚（買った）。
7. 「いかがお過ごしでしょうか」（と書く）。
8. 謙譲語。
9. （敬語は）使わない。
10. 自由回答

8課

[文法練習]

1-1. うちに携帯電話を置いてきたことを思い出した。
1-2. 今日は母の誕生日だということを忘れていた。
2. ① 1　② 2　③ 1　④ 1　⑤ 2

3．わたしは毎日このカフェに来る。おいしいコーヒーとケーキがあるからだ。
4．栗ようかん，栗ようかん，おいしい物は食べたことがなかった

読解練習

1．水曜日。
2．（リサイクル）できる。
3．捨てる人がお金を払ってリサイクル業者に取りに来てもらう。
4．（リサイクル）できない。
5．いけない。(キャップを外して別々に捨てなければならない。)
6．有害ごみ（として扱う）。
7．自由回答
8．大変だと思っている。

9課

文法練習

1．① 男の人 ② 男の人 ③ 男の人 ④ 店長
　　⑤ 友達 ⑥ わたし ⑦ わたし ⑧ 友達 ⑨ 友達
2．わたしは砂糖とミルクを入れないでコーヒーを飲みます。
3．① うちの子供は自分の頭が悪いのを親のせいにするんですよ。
　　② 兄が学費を払ってくれたおかげで、わたしは大学へ行くことができた。
4．わたしは、日本人の友達がいなかったら、日本語を習っていなかった。
5．さっき（そちらで）買い物をした者なんですけど、家に帰ってレシートを見たら、買わなかった歯ブラシの値段も入っていたんですが。

読解練習

1．注文したサンドイッチと袋に入っていた物が違っていたという苦情を言った。
2．よく謝って、次にこのお客さんが来店したときには、好きなサンドイッチと飲み物を無料でさしあげることにして許してもらった。
3．心配していない。
4．店の中でほかのお客さんに向かってほえていたから。
5．できるだけやわらかい言い方（で注意した）。

6．おとなしく待っていなかった。（男の人のスケボーにかみついた。）
7．謝らなかった。
8．（買い物は）（たぶん）しなかった。
9．怒っていなかった。（笑っていた。）

10課

文法練習

1．はい。好きと言っても歌うのは下手ですが。
2．・東京は、意外と食べ物の値段が安いです。
　　・北海道の冬も、家の中は、意外と暖かいです。
3．先生／友達「あ、飛行機が飛んでいますよ。」
　　あなた　「（そう言えば、）今度新しい空港ができるんですよね。」
4．運転席に座ったら、まずシートの位置を体に合わせ、ルームミラーとドアミラーを調整します。次に、キーを差し込み、ブレーキペダルを踏んだままエンジンをかけます。そして、方向指示器を出し、前後左右を確認してから、ゆっくり発進します。

読解練習

1．（普段は）外食している。
2．金物屋（で買った）。
3．まな板（と言う）。
4．（なべで炊くことが）できる。
5．（インスタントカレーの箱の作り方によると）一口大（に切る）。
6．煮て作る。
7．（網を使って「いためる」ことは）できない。
8．料理学校の先生ではない。
9．（会社を首に）なっていない。

11課

文法練習

1．・去年、仕事でオーストラリアへ行った。
　　・今度、研修旅行で北海道へ行きます。

2．① お母さんへ。吉田さんから電話。明日の朝10時ごろ、うちへ来たいとのこと。
　　② 桑田さんから電話がありました。風邪をひいてしまって、あしたの飲み会には行けないとのことです
3．3丁目の山中さんからお電話がありました。1時間前に頼んだピザが来ないので、キャンセルしてほしいとのことです
4．電話でピザを頼むことにした。

[読解練習]

1．アルバイトに行く日ではなかった。
2．寺田優佳さんと1時に原宿で待ち合わせて買い物をする予定だった。
3．父親はゴルフ、母親は同窓会（に行っていた）。
4．アルバイトに行かなければならなくなった。（それは、）昼から来る予定のアルバイトの人が病気で来られなくなったから。
5．寺田さんとの待ち合わせの時間を変更しなければならなくなったから。
6．（直接は連絡）できなかった。
7．寺田さんにメッセージが伝わらなかったかもしれないということ（を心配していた）。
8．伝わっていた。

12課

[文法練習]

1．① デジカメで撮った写真を整理するのに便利。
　　② 夜遅く家に帰るときに便利。
　　③ 待ち合わせている友達と連絡を取るときに便利。
　　④ 外国での買い物に便利。
　　⑤ 急いで食べたいときに便利。
2．宝くじを買ったら1等の1億円が当たった。さらに前後賞が付いて2億円になった。
3．① ちょっと考えさせてください
　　② 次はわたしに払わせてください

読解練習
1. 高校時代（に知り合った）。
2. 電子辞書を買って送ってくれるように頼んだ。
3. 秋葉原（に行くことが多い）。
4. いろいろな店を回って値切るのに便利だから。
5. （類義語辞典は）入っている。
6. 最新機種ではない。
7. 18,000円（だった）。
8. （クレジットカードが）使える。

13課

文法練習
1. ある，する，する，あり
2. いくらぐらいかと聞くと、木村さんは、2千円ぐらいだと答えた。田中さんは木村さんにわかったと答えたが、田中さんもお金がないから、木村さんに次の日に絶対に返すように言った。
3. ① 可　② 経　③ 経　④ 可　⑤ 可　⑥ 経

読解練習
1. 323番。
2. （郵便局の人は安全だとは）思っていない。
3. （田中さんは安全だと）思っている。
4. オーストラリアは食品の輸入にうるさいから。
5. （いちばん高いのは）EMS。
6. （いちばん時間がかかるのは）船便。
7. 確実に早く届けたい物（を送るときに便利）。
8. （1週間で着くことが）ある。
9. SAL（で送ることにした）。

14課

[文法練習]

1. ① 浜村さんの結婚式はいつか知っていますか。
   ② 去年の今日、何をしたかおぼえていません。
   ③ どっちへ行ったらいいか教えてください。
   ④ 田中さんが最初に作った料理は何かおぼえていますか。
2. 弟が１万円貸してほしいと言ってきた。
3. ① なぜかというと、日本人のメール友達が欲しかったのでインターネットで探したからです。
   ② なぜかというと、今住んでいる所は車より電車の方が便利だからです。
   ③ なぜかというと、母がいつも作ってくれるからです。

[読解練習]

1. 大学時代の親友。
2. 知らなかった。
3. 友人代表としてのスピーチ（を頼んだ）。
4. 真っ白な服（を着て行ってはいけない）。
5. お祝いのお金を新しいお札に替えてもらうため。
6. スピーチの中に縁起の悪い言葉が入らないようにすること（に特に注意した）。
7. 「切る」は（結婚した二人を切り離すことを意味するかもしれない）縁起の悪い言葉だから。
8. 花嫁の友人代表のスピーチをした人（が座っていた）。
9. 田中さんのスピーチはいいスピーチだったという感想（を言った）。

15課

[文法練習]

1. ① ［オーストラリアに住んでいる友人に頼まれた］電子辞書
   ② ［新宿からＪＲ中央線で30分ぐらいの所にある］武蔵小金井駅
   ③ ［去年北京に行ったときわたしたちのガイドをしてくれた］中国人の女の人
   ④ ［電話で決めた待ち合わせの場所を書いた］メモ
2. マリアさん，日本料理

3．① いいえ、そんなに難しくありませんよ。
　　② いいえ、そんなにかかりませんよ。
　　③ いいえ、そんなに高くありませんでしたよ。
4．もしよかったら、これから一緒に食事に行きませんか。
5．帰りに焼き肉屋で生ビールというのはどうですか。

読解練習

1．友人の結婚式の披露宴のときに同じテーブルに座って知り合った。
2．趣味の話や、音楽の話、好きな映画の話、テレビ番組の話（で盛り上がった）。
3．田中さんの好きなアーティストのライブ（に誘った）。
4．（電車で）30分ぐらい（かかる）。
5．明治時代から国際的な港町で、外国人がたくさん住んでいたから。
6．（2時半に待ち合わせて30分電車に乗って3時ごろ横浜に着くので、6時半の開場まで）約3時間半（ある）。
7．電話で予約をした。
8．食事は別だが、飲み物は1ドリンク付いている。
9．現金では払わなかった。（クレジットカードで払った。）

> ストーリーと活動で自然に学ぶ日本語

いつかどこかで

別冊2　教師用

本書の意図	2
本書の構成・使い方	4
ロールプレイとタスクの指導法	7
タスクシート	24
文法と例文　解説	45

スリーエーネットワーク

本書の意図

　本書は、日本語の初級を終了したばかりの学習者が、獲得した初級文法を無理なく内在化しつつ、その土台の上に中級文法や中級語彙を自然に獲得し、使用していくための素材として企画されました。

場面主導型アプローチ

　本書では、学習内容に自然に親しむことができるよう、場面主導型アプローチを採用しています。全体を緩やかに貫くストーリーの中で、2人の主人公をめぐって展開する身近な社会生活の場面場面を通して学習内容が導入されていきます。学習者は、一見難度の高いと思われる語彙や文法も、社会生活では「あたりまえ」に使用されることを実感しながら、その場面での主人公の気持ちとともに学習内容を記憶にとどめていきます。

サバイバルのための情報収集技術の獲得

　各課で扱うトピックは、学習者の日本での生活に直結しています。日本での生活に必要な情報収集技術の獲得のため、本書では、インターネットを使った情報収集タスクを数多く用意しました。

初級文法の復習と中級文法の導入

　本書では、初級文法既習者になじみやすいと思われるものから順次中級文法を導入していきます。また、初級文法で扱われていても、概念的に難しいと思われる文法項目や、初級では復習機会の少ないと思われる文法項目を包括的に復習します。例：敬語、自動詞／他動詞、受身表現、使役表現、可能表現。

多様性と一貫性

　学習者の多様な学習スタイルに適応するため、本書は、それぞれのトピックを多角的に理解する構成をとっています。各課は、1）普通体で書かれた本文、2）口語体、丁寧体、敬語を含む会話文とそれに基づくロールプレイ、3）オーセンティックなタスク、4）語彙導入、5）文法導入、6）文法確認問題、7）内容確認問題を含み、一つのトピックをめぐって互いに関連し合いながら学習者の理解を助ける構成となっています。

周辺的な情報の活用

　本書では、場面におけるコミュニケーションの自然さを重視するため、中心的な学習項目とともに、1）感情表現、2）未習文法を含んだ慣用表現など、周辺的な情報も積極的に利用しています。そのような周辺的な情報は、学習者に日本語を身近に感じさせ、トピックの理解を助けるとともに、学習者を日本語の全体像の一端に触れさせることで、上級日本語への心理的な準備を行う役割も担っています。

振り仮名の多用

　本書は、一つのトピックの周囲に意味的関連性を持って現れる自然な語彙群にできるだけ多く学習者を触れさせ、それを使ってコミュニケーションをとる体験を通して、一般の日本人が「あたりまえ」に使っている語彙を「あたりまえ」に（ストレスなく）身につけさせようと意図しています。そのため、学習者に「読める」ことによる心理的な安心感を与えようと考え、振

り仮名を多用しました。特に「日本語能力試験出題基準」の３級までに取り上げられていない語彙にはすべて振り仮名を振りました。
　また、「読める」ことにより、辞書が引きやすくなり、ワープロ上で仮名漢字変換が確実に行えるようになるというメリットもあります。インターネットが「あたりまえ」の時代。日本語入力が「あたりまえ」にできるようにとの意図も込められています。

話題の発展性
　本書は、学習項目を淡々とこなしていくような使い方もできますが、各課のトピックには、教師が雑談を差し挟んだり、学習者が自分の体験を思い出したりするきっかけがそこここに用意されています。教師と学習者の創造性を刺激して日本語クラスをより豊かで楽しいものにすることが本書の最大の目的です。

本書の構成・使い方

本文

「本文」では、主人公の置かれた状況と起こった出来事が客観的にまとめられています。文語文体や客観的事実の把握が得意な学習者には、「本文」からその課のトピックを導入してください。口語文体や主観的理解が得意な学習者には、「会話」から始めてもかまいません。

最初に「本文」を読むときには、だれが、どこで、なぜ、何を、どうしているかの把握をきちんと行ってください。場面と状況を正確に深く理解すればするほど、「会話」が効果的に利用できます。

会話とロールプレイ

「会話」は、叙述文として「本文」に記述された内容を人物の会話文で表現したものです。本書では、これをロールプレイ台本として使用したときに最大の学習効果が期待できるよう作られています。

ロールプレイでは、教師は映画監督か舞台監督になったつもりで、学習者の演技と言い回しを指導してください。もちろん語学のクラスですから、本物の演技指導は無理なので、学習者に対しては、本文などからできるだけその場面の登場人物の気持ちを解釈して伝えるようにしながら、「映画ごっこ」「演劇ごっこ」を楽しんでください。

「ごっこ」ですので、演技は多少オーバーになってもかまいません。会話にはできるだけ感情を込めさせて、言葉と気持ちの関連付けを行ってください。場面によっては感情を表に出さない人物が登場する場合もありますが、そんな場合は無感情も感情のうちとして、ほかの登場人物とのコントラストを楽しむようにします。

ロールプレイは、読む練習と、体を動かしながらの演技とに分かれます。読む練習をクラス全員でした後、自信のありそうな学習者を指名して演じてもらい、ほかの学習者はそれを鑑賞します。このとき部屋の中の各コーナーに、その課の場面に出てくる場所を指定して、演技者は会話文（台本）に従って場所を移動しながら会話を進めていきます。余った学生がいる場合には「本文」や「会話」に描かれていない登場人物（せりふはなくてもかまいません）を指定して、無言の演技をしてもらったり、即興で台詞を付け加えさせてもかまいません。できるだけ多くの学習者が参加して、創造性を生かして表情豊かに話を広げていくことができれば、このロールプレイは成功です。

ロールプレイは教科書を持ちながらでかまいません。

なお、課ごとのロールプレイについては「ロールプレイとタスクの指導法」で説明します。

タスク

本書は、学習者が日本で生活する上で必要な情報の獲得を容易にするために、オーセンティックなタスクを数多く用意しました。その中にはインターネットを使用するものも多くありますので、教室にインターネットを使用できる環境がない場合は、宿題とすることもできます。また、タスクのやり方とともにタスクシートも用意しましたので参考にしてください。

なお、ロールプレイとタスクを行う前に語彙・表現と文法項目の導入を終えておくことをお勧めします。

語彙と表現

　本書の語彙・表現リストに挙げた項目は、そのほとんどがこのレベルでは新出ですが、中には、初級レベルの語彙・表現や、本書内で既出の項目が含まれる場合があります。その意味で、これは「新出語彙・表現リスト」ではなく、「関連語彙・表現リスト」です。場面やトピックに関連した語彙や表現に焦点を当てることで、学習者にできるだけまとまった日本語体験を与えようと意図しています。

　提出された語彙のほとんどに振り仮名が振ってありますが、これは、辞書の使用とコンピューターでの文字入力を強く意識したものです。これにより、例えば、コンピューターの仮名漢字変換システムを用いて、正しい読み方を入力して正しい漢字を得るタスク、または、自分で電子辞書やオンライン辞書を引いて単語の意味を調べるタスクなどが可能になります。語彙リストの中には、一般の辞書に記載されていない俗語や方言が含まれることもありますが、それがどういう意味で使用されているかをインターネットの検索システムを使って調べるタスクも考えられます。

文法と例文

　本書では、初級文法を終了した学習者を想定していますが、概念的にわかりにくいと思われる初級文法項目の復習も行います。

　各項目には、接続の形と例文が挙げてあります。また、「文法と例文　解説」にその項目の文法に対する本書の考え方を示しましたので、学習者に対する文法解説のヒントにしてください。以下は本書で用いる文法用語の凡例です。

1．動詞

		5段動詞	1段動詞	する動詞	来る
ない形		帰ら	食べ	し	こ
ます形（連用形）		帰り	食べ	し	き
辞書形		帰る	食べる	する	くる
命令形		帰れ	食べろ	しろ	こい
意志形		帰ろう	食べよう	しよう	こよう
た形		帰った	食べた	した	きた
て形		帰って	食べて	して	きて
普通形	現在	帰る 帰らない	食べる 食べない	する しない	くる こない
	過去	帰った 帰らなかった	食べた 食べなかった	した しなかった	きた こなかった

2．形容詞、名詞

		い-形容詞	な-形容詞	名詞＋だ
語幹		高	静か	―
普通形	現在	高い 高くない	静かだ 静かではない じゃない	学生だ 学生ではない じゃない
	過去	高かった 高くなかった	静かだった 静かではなかった じゃなかった	学生だった 学生ではなかった じゃなかった

文法練習

　各課の文法項目のうち、概念的な理解の必要なものから優先して文法練習で扱い、復習します。文法項目として提出されているものでもここで扱われないものもあります。
　文法練習の解答例は、別冊1に含めました。

読解練習

　読解練習では、各課のトピックについて理解しているかどうかの最終確認を行います。どれも素直な質問で、いわゆる引っかけ問題はありません。問題の答えは、「本文」もしくは「会話」に書かれているか、または書かれていることから容易に類推できるものです。授業でこれを扱うときに、答えの書かれている「本文」、もしくは「会話」の部分に下線を引くことを習慣付けると、日本語能力試験などの筆記試験や日常経験する様々な読解場面で内容把握を迫られたときに役に立ちます。
　読解練習の解答例は、別冊1に含めました。

ロールプレイとタスクの指導法

1課　アパート探し

> ロールプレイ

全体の目的・ポイント
　不動産関連語彙に親しむ。

場所・場面
　不動産屋、物件1、物件2、物件3　不動産屋に入って来る田中

登場人物
田中：田中さんは、東京に住むのは初めてです。不動産屋で部屋を探すのも初めてなので、ちょっと不安です。田中さんは案内された部屋ごとに気分が変わります。なんとなく借りたくない部屋では気分が暗く、良さそうな部屋では気分が明るくなります。
不動産屋：不動産屋は、お客に部屋を紹介して手数料を取っていますから、田中さんに部屋を借りてほしいのですが、あまり押し付けるような態度は嫌われそうなので、できるだけ事務的な態度で田中さんに接します。

ロールプレイのヒント
　事務的な会話に終始しがちな場面ですが、田中さんと不動産屋の気持ちを理解して、できるだけ会話にイントネーションを付けるようにしてみてください。
　物件が三つ出てきますので、教室の各コーナーを、それぞれの物件ということにして、不動産屋役の学習者に田中さんを引率させてみましょう。歩き回ることで、間が生じ、ロールプレイを担当する学習者がリラックスするきっかけになると思います。
　田中さんが物件に何となく不満な表情をしたら、すかさず「次に行きましょう」と言う不動産屋のタイミングがロールプレイをおもしろくするキーポイントになります。

> タスク

　物件探し

用意する物
① 賃貸物件の条件を指定する画面と、そこに条件を入れて検索した結果の詳細情報をプリントアウトした物。検索サイトの例：http://www.apamanshop.com/
② タスクシート：部屋探しの条件シート（切り取り線に沿って切り離しておく）
＊条件シートは東京都内の物件を探すことになっていますが、現在住んでいる地域の物件でタスクを行う場合には、この条件シートを参考にオリジナルの条件シートを作ってみてください。

やり方
1．用意する物①を配り、物件の「賃料」「場所（住所／所在地）」「駅からの時間」「間取り」「広さ」「古さ（築年数）」「設備」がどこに書かれているかを確認させます。
2．学習者に、賃貸物件検索サイトを使って、この課の本文にある田中さんの部屋探しの条件で検索させ、そのような部屋があるかどうかを確認させます。
　　条件：・武蔵小金井駅
　　　　　・家賃は10万円以内
　　　　　・歩いて5分以内で電車の駅（武蔵小金井駅）まで行けること
　　　　　・南向き　・エアコン付き　・新築でなくてもいい
3．次に、「部屋探しの条件シート」を学習者1人に1枚ずつ配り、その条件に合う部屋を検索

させ、出てきた部屋の中から、いちばん住みたい部屋を選ばせます。早く終わった学習者には、別の条件シートを渡して、もう一つ探させます。条件を自分で考えて書き込むシートを渡して探させてもよいでしょう。
4．最後に自分がどんな部屋を見つけたかをほかの学習者に紹介させ、お互いにそれについてコメントします。

2課　電車で行こう

ロールプレイ

全体の目的・ポイント
　電車で目的地までの切符（定期券）を買うときの語彙や表現を使えるようにする。
　5桁までの数字に慣れる。

場所・場面
　駅の切符売り場の窓口　自分の順番になってカウンターに行く田中

登場人物
田中：田中さんは、出身地では車やバイクを使って移動していたので、定期券を自分で買ったことがありません。東京の電車にも詳しくないので、駅員を頼りにしています。
駅員：駅員は、事務的ですが、お客様に気持ちよく定期券を買ってもらいたいという気持ちがあります。

ロールプレイのヒント
　典型的な「客と店員のやり取り」です。感情を表に出す場面が全くないため、おもしろ味のない会話になりがちですが、田中さんの自信のなさそうな内面と、駅員の自信たっぷりのプロフェッショナルなサービス精神を対比させると、会話が実感のこもったものになります。また、1課の不動産屋の対応を思い出しながら、客に無心にサービスを提供する駅員に対して、やや下心のあった不動産屋との違いを意識させてください。
　ポイントは、数字入りのせりふを駅員がいかにすらすらと言えるかです。外国語の数字は桁が多くなればなるほど苦手な学習者が多いので、「そこにこそ駅員のプロ精神が表れるのです」と前置きして、クラスでは数字の速読で遊んでみてください。

タスク

　目的地までのルート検索

用意する物
① 路線情報で検索した「武蔵小金井〜新宿三丁目」のルート情報をプリントアウトした物。
　　検索サイトの例：「Yahoo！路線情報」http://transit.yahoo.co.jp/
② タスクシート：行き先と条件シート

やり方
1．用意する物①を配り、以下のような情報がどこに書かれているかを学習者に探させます。
　　　・全体の所要時間
　　　・運賃
　　　・乗り換え回数と乗換駅
　　　・出発駅から乗換駅まで、乗換駅から到着駅までの所要時間
2．タスクシートに沿って、インターネット上で目的地（到着駅）までのルートを検索させてください。

3．ルートがいくつか検索できたら、その中から最も条件に合うルートを記入させてください。学習者が東京になじみのない場合は、このシートをサンプルにして、身近な路線のルート検索をさせてみてください。検索サイトによっては、鉄道だけでなく、主要なバスルートも検索できます。

3課　病気になったら

ロールプレイ

全体の目的・ポイント

　診療所で受付や医師との会話に使う語彙や表現に慣れる。

場所・場面

　診療所の受付、待合室、診察室　入り口から入ってスリッパを履く田中

登場人物

田中：田中さんは元気がありません。頭痛、吐き気、熱、体のだるさ、のどの痛みがあります。そしてひざも痛くて会社に行くことができません。昨日の夜は酔っぱらってしまって、自分がしたこともよくおぼえていません。

受付：この診療所の受付は、不親切ではありませんが、患者に対してあまり優しくありません。

医者：医者には優しさと自信があります。そして、教師のように患者に接します。

ロールプレイのヒント

　小道具として、スリッパ、保険証、薬の包み、いす、聴診器、体温計などが用意できれば使ってください。

　このロールプレイは、一種のTPR（トータル・フィジカル・レスポンス）として機能します。体の各部分をあっちに向けたり、こっちに向けたり、出したり、しまったり、上げたり、下げたり、ボタンをはめたり、外したりすることを通して語彙を実用化していきます。この際ですので、体の各部位の名称をTPRを使いながら復習してみてください。

　田中さんの元気のなさと昨日したことをおぼえていない滑稽さがうまく出れば、このロールプレイは成功です。受付や医者の態度には、学習者の文化的背景が反映するかもしれませんが、それをそのまま楽しんでもいいし、日本の医者はこうするんだと演技指導しても楽しいと思います。

タスク

　患者が症状を伝え、医者がそれに対して診断を下すタスク

用意する物

　タスクシート：会話の例、診断と処置のリスト（医者用）、症状のリスト（患者用）

やり方

1．まず、タスクシートを配って、そこに出てくる語彙を説明し、会話の例文を読んでください。病気用語が多いのですが、全部基本的なものです。

2．語彙の説明が全部終わったら、学習者をペアにして、1人が医者、もう1人が患者になります。

3．医者は「診断と処置のリスト」を持ち、患者は「症状のリスト」を持ちます。

4．「会話の例」を参考にしながら、医者が「どうしましたか」と聞いたら、患者は「症状のリスト」の中から自分の好きな症状を選んで医者に伝えます。そのとき（実は…）で始まる丸括弧内の情報は読まず、後で、医者が質問したときに初めてその内容を明らかにするようにします。

5．役割を入れ替えて、何回かやったら、今度は患者が独自の症状を作って医者に伝え、医者は、それを聞いて適当に診断を下してみてください。

4課　アルバイト探し

> ロールプレイ

全体の目的・ポイント
　アルバイトを探すときのやり取りを通してアルバイト関連の語彙や表現に慣れる。

場所・場面
　川島美紗紀の家、ダイニングテーブル　電話をかける川島

登場人物
　川島：川島さんの気分は、次のように変わります。
　　心配しながらホテルに電話する→年齢の条件には合っていたので期待する→時間的な条件が合わなくてがっかりする→また断られるのではないかと心配しながらサンドイッチ屋に電話する→店長の明るい対応で元気になる→勤務時間が自由になると聞いてうれしくなる→時給が安いことがわかってうれしさが半分になる→落ち着いて勤務日時について話し合う→電話を切る前にまだ名前を言っていないことに気付いて、恥ずかしくなる。
　ホテルのスタッフ：ホテルのスタッフは、仕事が欲しいならホテルの都合に合わせてほしいと思っています。アルバイトをしたい人はほかにもたくさんいるから川島さんでなくてもいいと思っています。
　サンドイッチ屋の店長：サンドイッチ屋は、とても忙しいので、アルバイトにはすぐに来てほしいと思っています。サンドイッチ屋では川島さんのような大学生がたくさん働いているので、店長は大学生に働いてもらうことに慣れています。

ロールプレイのヒント
　電話でのロールプレイですので、携帯電話などを持たせると雰囲気が出ると思います。ホテルのスタッフ役は落ち着いて、サンドイッチ屋の店長は、電話に出る直前までサンドイッチを作っていましたという気分で電話に出るようにしてください。
　川島さんは自分の要求する条件をしっかり持っていますが、やはり、相手とのやり取りによって気分のアップダウンを経験します。そのときの、「楽観」「悲観」「冷静」「羞恥」の感情を学習者が意識して、気分の変化に応じて異なったイントネーションやスピードでせりふが言えればロールプレイは成功です。

> タスク

　アルバイト探し

用意する物
　① 求人情報サイトで検索した結果出てきたアルバイト募集記事をプリントアウトした物。
　　求人サイトの例：「web an」http://weban.jp/
　② タスクシート：アルバイト紹介シート

やり方
　1．用意する物①を配り、以下の情報がどこに書かれているかを確認させます。
　　　　・仕事内容（どんな仕事か）
　　　　・給与（時給、日給、月給など）
　　　　・勤務地

- 勤務時間（特に「相談に応じます」となっていて、融通が利くかどうか）
- 待遇（交通費は出るか、制服は支給されるかなど）
- 資格（特に未経験者でもできるかどうか）
- 連絡先の電話番号

2．次に使用する求人情報サイトの使い方を学習者に説明します。例えば、やりたい仕事の種類から検索させたい場合は、職種で探すためのリンクボタンがどこにあるかを確認させます。職種で探すためのページには、職種の一覧表があり、さらに条件を追加して絞り込むと、条件に合ったアルバイトの情報を見ることができるようになっているはずです。

3．検索したアルバイト情報の中から、学習者が友達に紹介したいと思うアルバイトの情報を、タスクシートに書かせます。タスクシートには「大学／学校に行きながらできる？」という項目がありますが、これは得られた求人情報を総合して自分で判断させてください。

4．タスクシートが書けたら、そのタスクシートを1か所に集め、学習者にその周りを歩かせて、自分にとって良さそうなアルバイトのシートを取らせます。

5．最後に、どんなアルバイトを取ったか、教師が1人ずつに聞き、学習者に日本語で答えさせます。

5課　緊急事態

ロールプレイ

全体の目的・ポイント

緊急時の110番、119番への通報と、係とのやり取りを体験する。

場所・場面

おばあさんがうずくまる路上、車がぶつかる交差点

登場人物

川島：川島さんは、緊急事態に遭いますが、アルバイトには時間通りに行きたいと思っています。川島さんは、119番や110番に電話するとき、慌ててしまいます。

110番、119番の係：119番、110番の係は、電話してきた人を落ち着かせるのが第一の仕事です。

警察官：警察官は、110番通報した人から、話を聞かなければなりません。通報した人には礼儀正しく接しますが、通報した人が逃げられない雰囲気を作ります。

ロールプレイのヒント

係の対応はおおむねマニュアル化、パターン化しており、どの自治体の消防、警察も似通っています。このやり取りを経験しておけば、日本に住んで緊急事態に遭遇した際の予習になるはずです。

ポイントは慌てる川島さんと、落ち着きを促す係のやり取りです。係は、川島さんにつられて慌ててしまわないようにしてください。使命感に燃えて通報する最初の119番通報と、しかたなく通報してやむを得ず事情聴取を受ける110番通報の気分的な違いまで表現できれば大成功です。

クラスの人数に余裕があれば、おばあさん、救急車の運転手、けんかする2人の運転手のようなせりふのない役をロールプレイに加えることで、会話の苦手な学習者、恥ずかしがって役にチャレンジしない学習者を楽しくロールプレイに参加させることができます。

タスク

緊急事態に遭遇したときに、119番と110番のどちらの電話番号にかけるか考えて通報するタスク

用意する物
　①　タスクシート：質問表、緊急事態の状況リスト
　②　110と119が書かれた２枚のカード

やり方
1. まず、110番と119番の読み方と役割の違いを確認した後、用意する物①の「質問表」を配り、質問の意味を確認させます。次に「緊急事態の状況リスト」を配って内容を理解させます。
2. ペアを作って、通報者と係の役を割り振ります。通報者は緊急事態を「状況リスト」から選び、それにふさわしい通報先を選びます。そして、電話をかける前に、用意する物②を使って自分が通報したい電話番号を相手に見せます。係の役の学習者はそれを見てから、ふさわしい方の「質問表」に沿って、通報者に質問します。通報者は「状況リスト」を見ながら、聞かれたことについて答えます。「状況リスト」にないことについては自分で考えて答えるようにさせてください。
　また、「状況リスト」を見ながらの会話練習では、緊急事態の種類によって、必ずしも「質問表」にある質問がふさわしくないことがあります。その際は学習者の常識と自主性に任せて、創造的で自然な会話を行うように導いてください。
3. 時間に余裕があれば、学習者に緊急事態を考えさせ、それを使った緊急事態通報練習を行って、タスクを終わります。

６課　旅行に行こう

[ロールプレイ]

全体の目的・ポイント
　旅行関連の語彙や表現をすらすら言えるようにする。

場所・場面
　旅行代理店内のカウンター　川島さんたちが入り口から入って来る

登場人物
[川島・寺田・吉井]：友達３人組の中では、川島さんがいちばん旅行の計画に熱心です。３人でいろいろ話し合ってから旅行代理店に来ているので、自分たちのしたい旅行はわかっています。
[旅行代理店の店員]：旅行代理店の店員は、自分が紹介した旅行プランでお客さんに喜んでほしいと思っています。どんな旅行でも用意できますが、本当はキャンペーン中のパッケージ・ツアーを売りたいと考えています。

ロールプレイのヒント
　ロールプレイの中心は、代理店の店員です。店員役の学習者がいかにもプロらしく、よどみなく旅行の説明ができれば、このロールプレイは成功です。押し売りにならない程度に上手にキャンペーン商品を勧める店員の雰囲気作りを楽しんでください。

[タスク]
　条件にあったツアー探し

用意する物
　タスクシート：旅行条件
　旅行検索サイトの例：国内ツアー検索ページ　http://www.jalan.net/tour/
　　　　　　　　　　　海外ツアー検索ページ　http://www.ab-road.net/

やり方
1．タスクシートを読み、どのような情報を記入しなければならないか把握させます。
2．次に、旅行検索サイトで「行き先」「出発地」「出発日」「旅行期間」「予算（料金）」を指定して、検索させます。
3．出てきたツアーの中から好きなものを選び、タスクシートに書かせます。
4．書き込みが終わったら、与えられた条件でどのようなツアーを選んだか、クラスで発表させます。

7課　暑中見舞い

ロールプレイ

全体の目的・ポイント
　改まった言い方と親しい言い方の対比、事務的な言い方と感情のこもった言い方の対比を実感する。

場所・場面
　郵便局のカウンター　カウンターに向かう田中
　田中さんの部屋、田中さんの実家のダイニングルーム　電話をかける田中

登場人物
郵便局員：郵便局員は、丁寧に、素早く、必要な情報をお客さんに提供します。
田中：田中さんは暑中見舞いを書いたことがありません。暑中見舞いに使う改まった日本語の使い方もよくわかりません。田中さんはもう大人ですが、お母さんの前ではまだ「子供」です。でも、子供扱いしてほしくはありません。
田中の母：田中さんのお母さんは、田中さんと話しているうちに、田中さんが敬語の使い方を知らないので心配になります。お母さんにとって田中さんはいつまでも「子供」です。

ロールプレイのヒント
　郵便局員は、丁寧で事務的な言葉遣いをします。
　母親と広のやり取りは感情たっぷりです。「だめねえ」「頑張りなさいよ」「わかってるよ」などの母子特有のやり取りをイントネーション豊かに読んで楽しんでください。
　母親は女性言葉ですが、男性学習者にも女性言葉を楽しんでもらいましょう。
　田中さんの、「わかってるよ。じゃ、電話切るからね」のような失礼な態度が甘えに基づく態度であり、自分の母親に対してだからこそとれる態度だということは、学習者は常識から理解できると思います。わからなければ、「母親とはうるさいもの」というステレオタイプから理解させてもいいと思います。

タスク
①　暑中見舞いを書くタスク
②　メールで暑中見舞いを送るタスク

用意する物
　タスクシート：暑中見舞いはがき
　メール添付で暑中見舞いが送れるウェブサイトの例：
　　https://tadahagaki.com/hagaki/syocyumimai/syocyu.html

やり方

① 暑中見舞いを書くタスク

タスクシートを使って、暑中見舞いはがきの「表」に、指示された住所と名前を書かせ、「裏」に、「暑中見舞いで伝えること」に沿って書かせます。このとき、本文の中にあるはがきの書き方とイラストを参考にさせます。

② メールで暑中見舞いを送るタスク

1．学習者からメールアドレスと名前を書いた紙を集めて、くじ引きのように1枚ずつ引かせ、引いたアドレスあてに暑中見舞いを書かせます。
2．暑中見舞いのテンプレートのサイトから、好みのデザインのテンプレートをダウンロードします。紹介したページからはデザインされた画像が登録なしで無料でダウンロードできます。
3．引いたメールアドレスに、作成した暑中見舞いを添付して送ります。

注意：実際に暑中見舞いの文面を作成し、メールに添付して、互いに送信し合うタスクですが、学生が自分のメールアドレスを他のクラスメートに知られたくない場合は、教師のアドレスに送ったり、クラスメートではない自分の知り合いに送るようにしてもかまいません。

8課　ごみは分けて出そう

ロールプレイ

全体の目的・ポイント

「古紙」「回収」「束」「有害」「分別」「業者」「扱い」などの職業的な語彙を身近に感じ、日常的に使うことができるようにする。

場所・場面

田中さんのマンションの入り口　紙の束を持つ田中さん

登場人物

マンションの管理人：管理人さんは、マンションに住んでいる人に規則を守ってもらわなければなりません。ワンルームマンションに住んでいるのは若い人が多いので、規則を知らなかったり、知っていても守らなかったりする人がいます。それで、管理人さんは、親のようにうるさく言わなければなりません。でも本当は嫌われたくないので、そのように言わなければならない自分の立場をわかってほしいと思っています。

田中：田中さんは、引っ越してきたばかりなので、この町のごみの集め方をよく知りません。感熱紙も電池も悪気があって変な場所に捨てたわけではありません。管理人さんの立場はわかりますが、言いたいこともあります。しかし、今は田中さんは急いで会社に行かなければなりませんから、管理人さんと長い話をしたくないと思っています。

ロールプレイのヒント

この課のロールプレイでは、教師か親のようにふるまう管理人さんと、その場をできるだけ早く立ち去りたい田中さんの気持ちをうまく出してください。

学習者が育った国の環境によって、「管理人」のイメージのし方は異なると思います。官憲のようなイメージを持ったり、友達のようなイメージを持ったりすることがあるかもしれませんが、それを無理に日本風の「管理人さん」に直す必要はありません。

ロールプレイとタスクの指導法〈9課〉

> タスク

　ごみの種類と捨て方を調べるタスク
用意する物
　タスクシート：ごみシート、ごみ箱シート
　ウェブサイトの例：北海道歌志内市のページ「ごみ分別辞典」
　http://www.city.utashinai.hokkaido.jp/hotnews/detail/00001642.html
　＊例に挙げた北海道歌志内市の「ごみ分別辞典」は、ごみの名前をあいうえお順で検索できるようになっているので便利です。ただし、ごみの分別方法は、自治体によって異なりますので、お住まいの自治体にわかりやすいごみ分別方法のページがあれば、それを使ってください。その場合はその自治体のごみ分別方法に合うようにごみ箱シートを作成してください。
やり方
　１．まず、「ごみシート」のリストを学習者に読ませ、意味を確認します。
　２．次に、「ごみ箱シート」のごみの種別を確認します。
　３．地方自治体のごみ分別収集案内のウェブサイトを開きます。
　４．「ごみシート」にあるごみについて、どういう捨て方をしたらいいか調べて、それを「ごみ箱シート」の所定の欄に書き込んでいきます。

9課　苦情

> ロールプレイ

全体の目的・ポイント
　立場による表現の使い分けを身につける。
場所・場面
　サンドイッチ屋の入り口、店内、電話　電話に出る店長
登場人物
　サンドイッチ屋の店長：店長は、店のイメージを悪くしたくないので、お客さんを怒らせたくありません。ほかのお客さんに迷惑をかけているお客さんにも、できるだけ怒らせないように気をつけながら苦情を言わなければなりません。
　電話の客：店に電話をかけてきたお客さんは、店の人が親切かどうかわからないので、最初は自分の名前を言わないで苦情を伝え始めます。
　犬を連れた女の客：日本には、「お客様は神様です」という言葉があります。犬を連れたお客さんは、店は自分と自分の犬を大切にするのが当たり前だと思っています。当然、自分も犬も悪くないと思っています。
　スケートボードの男の人：犬にスケートボードにかみつかれた男の人は、ひどいことをされたのだから怒るのは当たり前だ（怒る権利がある）と思っています。
ロールプレイのヒント
　このロールプレイの会話場面では、敬語を使った改まった表現と感情的な表現が、異なる立場の人たちによって使い分けられています。店長、客、被害者、それぞれの立場で力関係が違うことをロールプレイで表現してください。男の人の最後のせりふ「ちょっと待ってよ」は、初対面の相手に対しては失礼な言い方ですが、それは「被害者意識」ゆえのことであると理解させてください。

> タスク

相手に適切な言い方で苦情を伝えるタスク

用意する物
　タスクシート：苦情内容

やり方
1．タスクシートを学習者に配り、苦情内容を一つずつ読んで理解させてください。
2．学習者をペアにして、苦情を言う側と言われる側を決めます。決まったら、苦情を言う側が、リストの中から選んで相手に苦情を言い、苦情を言われる側はそれにふさわしい対応をします。このとき、相手に自分がどのような人かを伝えなければならないときには、「〜者ですが」を使って、匿名で名乗らせてください。
3．タスクシートを使って苦情を言う練習を一通り行った後、学習者に時間を与えて、独自の苦情を作らせてください。独自の苦情ができたら、それを使って苦情を言う練習をさせてください。

10課　自炊してみる

> ロールプレイ

全体の目的・ポイント
　料理用語の習得。親しい家族の間で使うくだけた表現に親しむ。

場所・場面
　マンションの田中広の部屋、広の実家のダイニングルーム　母は家事をしている

登場人物
田中：あまり料理をしたことがない田中さんは、料理のことでいろいろわからないことがあります。田中さんは、お母さんに聞けば、料理のことは全部わかると思っています。
田中の母：田中さんの母親は、田中さんが料理を始めたことはうれしく思っていますが、田中さんが細かいことを聞くのでいらいらし始めます。母親は、田中さんをからかいたくなることがあります。

ロールプレイのヒント
　家族の間の親しい会話ですので、くだけた表現に用いられる終助詞の「よ」「ね」「の」が頻繁に使われます。また、母親は女性特有の「わよ」「わね」「のよ」も使います。
　母親は、田中さんの質問攻めにだんだんへきえきしてきますが、「もう！」で頂点に達します。この「もう！」のような感情の小爆発を練習する機会は学習者には滅多にありませんので、ここで一度感情を込めて復唱させてみてください。
　7課と同じように、ここでも最後に母親は田中さんをからかいます。親子や親しい間柄ではこのような罪のないからかいは、かえって親しみの表現となることがあります。それは学習者が大人であれば、自分の社会経験からも理解できると思います。
　田中さんの「じゃ、また電話するからね」は、7課の「じゃ、電話切るからね」よりも少し相手を思いやった電話の切り方です。電話の切り方を知っておくのは大切ですので、「じゃ、また電話させていただきますので」「じゃ、また電話しますので」「じゃ、また電話するね」など、丁寧度の違った表現と合わせて紹介してください。

> **タスク**

料理レシピの検索を通した読解タスク

用意する物

タスクシート：メニュー、シェフのメモ

料理レシピサイトの例：「COOKPAD」http://cookpad.com/

やり方

1．まず、タスクシートの「メニュー」を配り、学習者に「お客様のお名前」の所に名前を書かせ、食べたい料理に一つ印を付けさせます。
2．学習者はその「メニュー」をそれぞれ隣の学習者に渡します。「メニュー」を受け取った学習者はそのときからレストランのシェフの役になりますので、「メニュー」の下の「本日のシェフ」の欄に名前を書きます。
3．次に、「シェフのメモ」を配って、「メニュー」に印の付いている料理を料理レシピサイトで調べ、その作り方を書かせます。メモに書く言語は何でもかまいません。（ここでの要点は内容理解ですので、メモは学習者自身の言語でOKですし、もちろん日本語で書いてもかまいません。）
4．次に、同じ料理レシピのサイトから、「シェフのおすすめ料理」に書くための料理を探させます。（自分が気に入った料理を一つ「おすすめ」にします。）「おすすめ」料理が決まったら、学習者は預かっている「メニュー」のいちばん下にある「シェフのおすすめ料理」の所に、その料理名を日本語で書きます。
5．「メニュー」を注文した学習者に返します。返された学習者は、料理レシピのサイトで検索して、「シェフのおすすめ料理」の作り方を確認します。

11課　伝言

> **ロールプレイ**

全体の目的・ポイント

電話による伝言、メモによる伝言ができるようにする。

場所・場面

川島家のダイニングルーム、冷蔵庫のドアにメモ

サンドイッチ屋のカウンター、レジ横に電話、少し離れてサンドイッチ屋のキッチン

登場人物

山下：店員の山下さんは、カウンター、レジ横の電話を取って店長と川島さんとの間のメッセンジャー役をします。山下さんは川島さんの同僚ですが、働く曜日が違うので、川島さんに会ったことはありません。川島さんとは丁寧体で話します。

店長：休んだスタッフのせいで、店長は忙しすぎて電話にも出られません。これからの時間、もっと店が忙しくなるので、絶対、川島さんに来てほしいと思っています。

川島：川島さんは、休みのつもりでしたから、のんびりした気持ちで電話します。寺田さんとの約束を変更しなければならないので、あまり仕事はしたくありません。

ロールプレイのヒント

ゆっくり起きた川島さんが伸びをして母親の残したメモを読んでいるときに、サンドイッチ屋では、キッチンで店長がサンドイッチを作り、店員の山下がカウンターで作業している場面からロールプレイを始めてください。

伝言練習のロールプレイですので、店員の山下さんは、双方の仲に立つ忙しい役回りです。伝

言内容を復唱して、末尾を「そうです」にして相手に伝えることが基本ですが、伝える側の口調をそのまま復唱するわけではなく、適当に要約したりしている点にも注意してください。店長に伝言を伝えるときには、遠くにいる店長に聞こえるように大きな声で話すようにしてください。

ロールプレイには留守番電話も登場します。留守番電話の役に当たった学習者には、できるだけ無表情に、ロボットのようなイントネーションで読ませるようにしてください。寺田さんの家の人が電話に出ると期待したときの川島さんの「もしもし、寺田さんのお宅でしょうか」と、留守番電話にメッセージを残すときの冷静な川島さんの声の感じの違いを出すようにしてください。

タスク
伝言をメモにして簡潔な書き言葉で相手に伝えるタスク

用意する物
　タスクシート：伝えたいこと、メモ用紙

やり方
1．最初に、「伝えたいこと」を配って読ませ、意味を理解させます。
2．学習者を、①伝言の発信者、②仲介者、③受け手の3者に分けます。仲介者に「メモ用紙」を配ります。
3．①発信者は、「伝えたいこと」の中から適当に選んで、②仲介者に口頭でそれを伝えます。伝えるときには、最後に「とお伝えください」と結びます。
4．②仲介者はそれを聞いて「メモ用紙」にメモを取ります。このとき、②仲介者は「伝えたいこと」を見たり読んだりしてはいけません。メモの文章の終わりは、「～とのこと（です）」となるようにします。（伝えたいことが「ください」で終わっているときには、「～てほしいとのこと」になります。）
5．メモを書き終えたら、②仲介者は、それを③伝言の受け手に渡します。
6．③受け手は、メモを読んだら、コメント欄にチェックを入れて②仲介者に返します。②仲介者はそれを①発信者に返します。
7．役割を入れ替えてタスクを続けます。
8．最後に自分たちのオリジナルの「伝えたいこと」を作って、一度タスクをやってみます。

12課　安く買おう

ロールプレイ
全体の目的・ポイント
　値段の交渉ができるようにする。5桁の数字をすらすらと言えるようにする。

場所・場面
　電気屋1の店内、電気屋2の店内、電気屋3の店内

登場人物
電気屋1：電気屋1の店員は自分の店の値段に自信があります。しかし、カード会社に手数料を払いたくないので、お客さんにクレジットカードを使ってほしくありません。
電気屋2：電気屋2の店員は、始めは高く売ろうとしますが、ほかの店が安い値段を出しているのを知って、慌てて上司に相談に行きます。この店でもクレジットカードは使ってほしくありません。
電気屋3：電気屋3の店員は、いちばん安い値段を出しているという自信がありますが、田中さんにもっと安くならないかと言われて、ちょっと困った顔をします。

田中：田中さんは、値切り交渉を楽しんでいます。店員に見せる顔はポーカーフェイスです。満足できる条件ならすぐに買うという雰囲気で店員と話します。

ロールプレイのヒント

　教室の各コーナーに電気店１、電気店２、電気店３を設定して、田中さんが店から店へ移動して会話するようにします。

　このロールプレイは、店員との駆け引きです。店員と田中さんがそれぞれ「高く売りたい」、「安く買いたい」という下心を強く意識して会話するようにしてみてください。電気店２の店員が「少々お待ちください」と言って引っ込むのは、値引き権限を持つ上司に相談するためです。ロールプレイでは、「上司」の役をだれかに割り当てて、無言のジェスチュアで店員と相談する振りをさせるか、または、その場で自由に上司と店員のやり取りを作らせて演じさせたりしてもおもしろいと思います。

　タスク

　家電製品を安く売っている店とその製品の評判を調べるタスク

用意する物

① タスクシート：製品の値段と評判
② 家電製品価格を比較できるウェブサイトから商品紹介と価格比較のページをプリントアウトした物。商品比較サイトの例：「価格.com」http://kakaku.com

やり方

１．まず、用意する物①を配って、記入項目を確認します。調べる商品は二つです。一つは電子辞書、もう一つは自分で自由に決めます。
２．次に、用意する物②を配ります。それを見ながら、「いちばん安い値段を出している店」「値段」「送料」「クレジットカードが使えるか」「その商品の評判」の情報がどこに書かれているかを確認します。
３．商品比較サイトにアクセスして、目的の製品を探し、そこにある情報を元にタスクシートを埋めていきます。
４．最後に、自分が調べた物と値段を持ち寄って、クラスで発表させます。自分で決めた商品を紹介するページはコンピューター上に出したままにして、ほかの学習者に自分が何を買うことにしたかがわかるようにしておきます。

13課　郵便で送る

　ロールプレイ

全体の目的・ポイント

　郵便で送る際の基本的な手続きと発送方法の種別などの用語の習得。

場所・場面

　郵便局の待合室、窓口　いすに座って待つ田中

登場人物

田中：田中さんは、海外に物を送るのは初めてなので、国際郵便のことはよくわかりません。友達に頼まれた物なので、できるだけ早く届けたいと思っています。

郵便局員：郵便局員は、中に入っている物が危ない物ではないか、壊れやすくないかが心配です。送り先の国の規則で送ることができない物は、結局相手に届かないので、そのことも心配です。

呼び出し：呼び出しの声は機械の声ですので、変な所でポーズ（区切り）が入ります。読むときにはロボットのように「受け付け番号、三百、二十、三番のお客様」と読んでください。

ロールプレイのヒント

教室の一角を待合室、別の一角を郵便局のカウンターに設定します。田中さんには、小さな箱のようなものと、「323」と書いたカードを持たせ、カウンター上には、秤のように見えるものを用意します。田中さんは待合室のいすに座って、自動音声による呼び出しを聞いたらカウンターに行きます。

郵便局員との会話ですので、感情表現はほとんどありませんが、それでも、番号券の番号を読み上げる自動音声の無表情さと生身の人間のコミュニケーションの対比や、郵便局員の、自分の心配事さえクリアしてしまえばあとはお客様次第という気持ちがロールプレイににじみ出るようにすれば楽しめると思います。

タスク

日本で買った物を海外に送るときに、どの方法で送るのがいちばん安くて早いかを調べるタスク

用意する物

タスクシート：郵送方法と値段

日本郵便の国際郵便サイト：http://www.post.japanpost.jp/int/

やり方

1．インターネットのメーカーサイト等で、郵便で送ることができそうな小さめの家電製品を選び、タスクシートの「送る物」「重さ」の欄に記入させます。
2．日本郵便のウェブサイトの国際郵便のページを開き、料金や日数を調べさせ、タスクシートに記入させます。その中で指定された発送先のオーストラリアへ送るいちばん安い送り方を探させます。
3．タスクシートにはもう一つ別の製品について調べる欄がありますが、それは学習者に任せて、好きな製品を選んで、好きな国に送るタスクをさせてください。

14課　結婚式に呼ばれる

ロールプレイ

全体の目的・ポイント

日本の結婚披露宴の雰囲気を感じる。非常にフォーマルな敬語の使用場面に触れる。

場所・場面

結婚披露宴会場のひな壇横に司会用のカウンターと祝辞用のマイク、田中と川島がいるテーブル　立って田中を紹介する司会

登場人物

司会：司会は、みんなが楽しめるように、気を遣いながら話します。結婚式の司会ですから、楽しく明るい声で話しますが、新郎新婦や招待したお客さんたちに失礼にならないように敬語を使って丁寧に話します。

田中：田中さんは、初めて呼ばれた結婚式でスピーチをすることになったので、とても緊張しています。スピーチを読んでいる間も手が震えて、汗が出てきます。声も、いつもの田中さんの声ではありません。スピーチが終わってテーブルに戻った田中さんは、ほっとした気分です。

川島：川島さんも、スピーチが終わって、ほっとした気持ちで座っています。隣に座っている田中さんとは今日初めて会いましたが、同じ役目だったので、親しみを感じています。

ロールプレイとタスクの指導法〈15課〉

ロールプレイのヒント
　人数に余裕があれば、新郎新婦のひな壇を設定して、せりふのない浜村君役と佳奈さん役を座らせておき、残りの全員を披露宴の出席者ということにすると雰囲気が出ます。
　田中さんの読むスピーチを盛り上げるために、出席者は田中さんのスピーチの始まりと終わりに盛大な拍手を送り、さらに、田中さんのスピーチのユーモアの部分に反応して笑うようにします。さらに、クラスがその雰囲気に乗ってきたら司会に音頭を取らせて、新郎新婦役を立たせてケーキ入刀、また、だれかに乾杯の音頭取りを指名して乾杯するなど、自由に結婚披露宴のシミュレーションを楽しんでみてください。
　田中さんと川島さんの初対面の会話部分では、ジェスチュアを交えて、お互いに大いに照れてみてください。例えば、田中さんの「いやあ……どうも」の場面では、田中さん役に左手で首の後ろを軽くかかせてみたり、川島さんの「いいえ、そんなことないですよ」の場面で、川島さん役に両手を体の前でやや相手に向けて開かせてみたりすると、日本的な男女の「照れ」の場面の非言語コミュニケーションの練習になります。

タスク
結婚式のスピーチ原稿を書くタスク
用意する物
① スピーチ作成の文例をプリントアウトした物。
サイトの例：「直子の代筆」http://www.teglet.co.jp/naoko/
② 原稿用紙
やり方
1. 用意する物①を使って、以下の条件で、原稿用紙に友人代表のスピーチを書かせます。できたスピーチは教師が添削して清書させ、クラスで発表させます。
条件：・字数は800字〜1,200字。
　　　・男性は浜村亮太さんの友人として、女性は佳奈さんの友人としてスピーチを書く。
　　　・自分と新郎、自分と新婦との関係（どこで、いつ知り合ったか）は、自分で創作する。
　　　・新郎、新婦に関するエピソードも自分で創作する。
学習者には、自分のいちばんの友人のことを思い浮かべながらスピーチを書くようにアドバイスするとうまくいくと思います。

15課　初めてのデート

ロールプレイ
全体の目的・ポイント
　誘いの場面を練習する　心の内面をジェスチュアで表現してみる。
場所・場面
　田中の部屋、川島の部屋、チケット・センターの予約デスク
登場人物
田中：田中さんは、結婚式で知り合った川島さんのことが忘れられません。その川島さんに初めて電話するので、ちょっと緊張しています。自分のことをおぼえていてくれるかどうかも心配です。

<u>川島</u>：川島さんは、田中さんが悪い人ではないことはわかっています。川島さんは学生ですから、年上で社会人の田中さんを、先輩のように思っています。川島さんは、おいしいものが大好きです。

<u>チケット・センター</u>：チケット・センターのオペレーターは、ヘッドホン型のマイクをしてコンピューターの画面を見ながらお客さんと話します。はっきりとわかりやすい発音で注文内容をしっかり確認して、間違いがないように注意します。敬語を使いますが、事務的な（ビジネスライクな）話し方です。

ロールプレイのヒント

　田中さんと川島さんの電話場面では、二人の間にしきりを置いて、お互いの顔やジェスチュアが見えない設定にすると、よりおもしろいロールプレイになると思います。この場面からは、田中さんの緊張感とうれしさが表現できれば成功です。会話では田中さんの方からアプローチしていますが、実は川島さんも電話を待っていたかもしれません。ロールプレイの前か後に二人の本心について学習者と話し合ってみるのもおもしろいと思います。

　電話を切ったときにガッツポーズを入れてみてください。それが田中さんだけなのか、川島さんもガッツポーズをするのかによって、「本心」の表現が変わってきます。チケット・センターのオペレーターがガッツポーズを入れるということもあるかもしれません。それらがどんな意味を持つか学習者に考えてもらい、日本語で説明させてみてください。

タスク
① 電話で人を誘うタスク
② 自由検索タスク

用意する物
① タスクシート：待ち合わせ条件と会話例、条件シート
② プリンター
　　検索サイトの例：「Google 日本」http://www.google.com/intl/ja/
　　　　　　　　　　「Yahoo！JAPAN」http://www.yahoo.co.jp/

やり方

① 電話で人を誘うタスク

このタスクは、「久しぶりにコンタクトを取る相手に会ってもらうために待ち合わせの約束をする」というタスクです。相手に自分を思い出してもらうための条件を見ながら電話の会話を作っていきます。

1. まず、用意する物①から「待ち合わせ条件と会話例」を使って、各条件が会話の中でどのように生かされているかを確認します。条件に振られた番号は、会話例の下線部の番号に対応しています。次に「条件シート」に書いてあることを学習者に読ませながら、意味内容を確認していきます。
2. ペアを作り、一方が誘う側、もう一方が誘われる側になって、電話での会話を作ります。慣れてきたら、会話に変化を付けて、誘われる側が断ったり、待ち合わせの場所や時間を変えてもらったりします。
3. 最後に「条件シート」を参考にしながら独自の条件を作って、自由に誘いのシチュエーションを作って練習します。

② 自由検索タスク

インターネットを使って自由に検索させ、調べた情報を発表させます。下のリストをホワイトボードなどに書き出して自由に調べさせてください。検索には自分が普段使用している検索エンジン

を自由に使わせてください。
　検索するもの：・横浜中華街の地図
　　　　　　　　・渋谷からランドマークタワーへの電車を使った行き方
　　　　　　　　・横浜でおすすめのデートスポット
　　　　　　　　・石川町駅から武蔵小金井駅まで行くことができる最終電車
　最後に、学習者にプリンターからプリントアウトさせた物を見せながら、日本語で成果を発表させます。

1課　部屋探しの条件シート

1. 最寄り駅　　ＪＲ中央線　荻窪
   条件　　　　家賃は1か月10万円まで
   　　　　　　駅から歩いて20分以内
   　　　　　　エアコン付き
   　　　　　　フローリングがいい。

---

2. 最寄り駅　　ＪＲ中央線　高円寺
   条件　　　　家賃は1か月15万円まで
   　　　　　　駅から歩いて15分以内
   　　　　　　エアコン付き
   　　　　　　風呂とトイレが別々の方がいい。

---

3. 最寄り駅　　小田急線　町田
   条件　　　　家賃は1か月7万円まで
   　　　　　　駅から歩いて5分以内
   　　　　　　エアコン付き
   　　　　　　南向き
   　　　　　　ペットが飼える所に住みたい。

---

4. 最寄り駅　　京王井の頭線　浜田山
   条件　　　　家賃は1か月12万円まで
   　　　　　　駅から歩いて10分以内
   　　　　　　エアコン付き
   　　　　　　できるだけ広い方がいい。

---

5. 最寄り駅　　＿＿＿＿線＿＿＿＿
   条件　　　　家賃は1か月＿＿＿万円まで
   　　　　　　駅から歩いて＿＿＿＿以内
   　　　　　　＿＿＿＿＿＿＿＿＿＿＿＿
   　　　　　　＿＿＿＿＿＿＿＿＿＿＿＿

タスクシート〈2課〉

2課　行き先と条件シート

1. 出発駅：　　　　　自由が丘
   目的地（到着駅）：赤坂見附
   条件：
   　　　・3か月定期券を買いたい
   　　　・自分でお金を払うので、いちばん安いのが希望

出発駅	自由が丘　駅	路線	＿＿＿＿＿線
乗換駅1	＿＿＿＿＿駅	路線	＿＿＿＿＿線
乗換駅2	＿＿＿＿＿駅	路線	＿＿＿＿＿線
乗換駅3	＿＿＿＿＿駅	路線	＿＿＿＿＿線
到着駅	赤坂見附　駅	路線	＿＿＿＿＿線

   値段　＿＿＿＿＿円
   時間　＿＿＿＿＿時間＿＿＿＿＿分

---

2. 出発駅：　　　　　下北沢
   目的地（到着駅）：広島
   条件：
   　　　・荷物がたくさんあるので乗り換えが少ない方がいい
   　　　・飛行機は使いたくない
   　　　・広島には、来週月曜日の午後3時までに着きたい

出発駅	下北沢　駅	路線	＿＿＿＿＿線
乗換駅1	＿＿＿＿＿駅	路線	＿＿＿＿＿線
乗換駅2	＿＿＿＿＿駅	路線	＿＿＿＿＿線
乗換駅3	＿＿＿＿＿駅	路線	＿＿＿＿＿線
到着駅	広島　駅	路線	＿＿＿＿＿線

   値段　＿＿＿＿＿円
   時間　＿＿＿＿＿時間＿＿＿＿＿分

3課　会話の例

患者用リストから症状を選んで伝える

　　　　　症状　脚が痛い。ズキズキ痛む。脚全体がはれている。すごく痛くて全然歩けない。すねが「く」の字に曲がっている。(実は、スキーをしていて、木にぶつかった。)

医者用リストから判断して診断を下す

　　　　　診断　骨折
　　　　　処置　手術が必要なので、1日入院する。
　　　　　　　　痛み止めの薬を出すので、1日3回食後に飲む。

会話例

　　医者　　どうしましたか。
　　患者　　脚がズキズキ痛むんです。脚全体がはれて痛くて全然歩けません。すねもちょっと変なんです。ひらがなの「く」の字のように曲がっています。
　　医者　　どうしてそうなったんですか。
　　患者　　スキーをしていて、木にぶつかったんです。
　　医者　　そうですか、脚の骨折ですね。手術が必要なので1日入院してください。手術の後は痛み止めの薬を出しますので1日3回食後に飲んでください。

タスクシート〈3課〉

3課　診断と処置のリスト（医者用）

診断	処置
食中毒	点滴するので、待合室で待つ。 家に帰っても、今日は絶食する。
風邪	水分をたくさん取って、暖かくして、寝ている。
二日酔い	胃の薬を出すので、それを1日3回食後に飲む。
日焼けによるやけど	抗生物質の軟膏を塗って、長袖シャツを着て、皮膚に日を当てないようにする。
骨折	手術が必要なので、1日入院する。 痛み止めの薬を出すので、1日3回食後に飲む。
ねんざ	はれが引くまでアイスパックで患部を冷やす。 はれているうちは、曲げたり伸ばしたりしない。
睡眠不足	無理をしないで、夜は早く寝る。

3課　症状のリスト（患者用）

症状1：頭がふらふらする。食欲がない。集中力がない。（実は、仕事がとても忙しくて寝る時間がない。毎日3時間しか寝ていない。）

症状2：背中と腕がヒリヒリ痛い。痛くて、熱いシャワーが浴びられない。上を向いて寝ることができない。（実は、昨日海に行って、ビーチで一日中寝ていた。）

症状3：おなかが痛い。気分が悪くて吐き気がする。下痢をしている。何も食べたくない。（実は、捨てるのがもったいないから、1か月前の牛乳を飲んだ。）

症状4：頭が痛い。おなかが痛い。気分が悪くて吐き気がする。何も食べたくない。（実は、昨日、友達と酒を飲みに行って、ビールと日本酒をたくさん飲んだ。）

症状5：足が痛い。ズキズキ痛む。足首がはれていて、歩けない。（実は、さっき、バスケットボールをしていて、ジャンプして着地するときに、体のバランスを失った。）

症状6：脚が痛い。ズキズキ痛む。脚全体がはれている。すごく痛くて全然歩けない。すねが「く」の字に曲がっている。（実は、スキーをしていて、木にぶつかった。）

症状7：頭が痛い。せきとくしゃみと鼻水が出る。のどが痛い。熱がある。体がだるい。（実は、雨の中でテニスをしていた。）

4課　アルバイト紹介シート

友達に紹介したいアルバイトの

- 会社の名前　＿＿＿＿＿＿＿＿＿＿＿＿＿＿＿＿＿＿＿＿＿＿＿＿＿＿
- 場所（最寄り駅）＿＿＿＿＿＿＿＿＿＿＿＿＿＿＿＿＿＿＿＿＿＿＿
- 電話番号　＿＿＿＿＿＿＿＿＿＿＿＿＿＿＿＿＿＿＿＿＿＿＿＿＿＿
- 時給　＿＿＿＿＿＿＿＿＿＿＿＿＿＿＿＿＿＿＿＿＿＿＿＿＿＿＿＿
- 仕事内容　＿＿＿＿＿＿＿＿＿＿＿＿＿＿＿＿＿＿＿＿＿＿＿＿＿＿
- 勤務時間　＿＿＿＿＿＿＿＿＿＿＿＿＿＿＿＿＿＿＿＿＿＿＿＿＿＿

　　未経験者でもできる？　　　　　　　　はい　　いいえ
　　大学／学校に行きながらできる？　　　できる　きつい　むり

友達に紹介したいアルバイトの

- 会社の名前　＿＿＿＿＿＿＿＿＿＿＿＿＿＿＿＿＿＿＿＿＿＿＿＿＿＿
- 場所（最寄り駅）＿＿＿＿＿＿＿＿＿＿＿＿＿＿＿＿＿＿＿＿＿＿＿
- 電話番号　＿＿＿＿＿＿＿＿＿＿＿＿＿＿＿＿＿＿＿＿＿＿＿＿＿＿
- 時給　＿＿＿＿＿＿＿＿＿＿＿＿＿＿＿＿＿＿＿＿＿＿＿＿＿＿＿＿
- 仕事内容　＿＿＿＿＿＿＿＿＿＿＿＿＿＿＿＿＿＿＿＿＿＿＿＿＿＿
- 勤務時間　＿＿＿＿＿＿＿＿＿＿＿＿＿＿＿＿＿＿＿＿＿＿＿＿＿＿

　　未経験者でもできる？　　　　　　　　はい　　いいえ
　　大学／学校に行きながらできる？　　　できる　きつい　むり

5課　質問表

110番（警察）

1. はい、110番です。どうしましたか。
2. 場所（住所）はどこですか。
3. 名前と電話番号をお願いします。
4. では、すぐに行きます。

- 落ち着いてください。
- それは、いつごろですか。
- あなたは、大丈夫ですか。ほかにどんな人がいますか。（その人はどんな人ですか。）
- 今、どんな状況ですか。

119番（消防署）

1. はい、119番です。火事ですか、救急ですか。
2. どうしましたか。
3. 場所（住所）はどこですか。
4. 名前と電話番号をお願いします。
5. では、すぐに行きます。

- 落ち着いてください。
- それは、いつごろですか。
- あなたは、大丈夫ですか。ほかにどんな人がいますか。（その人はどんな人ですか。）
- 今、どんな状況ですか。

5課　緊急事態の状況リスト

状況：

1. 料理していたら、なべの油に火がついてしまった。火はカーテンに燃え移って、消すことができない。場所は台所。火は3分ぐらい前についた。今も燃えている。煙がすごく出ている。

2. 泥棒に入られた。15分ぐらい前に家に帰って来たら、宝石が全部なくなっていた。引き出しがみんな開いている。家の中に足跡がたくさんある。今は、家の中にはわたしのほかにだれもいない。

3. 東京駅の前で、さっき、子供がオートバイにはねられた。今、子供は生きているが、足と腕から血が出ている。オートバイの運転手は逃げた。オートバイのナンバーは、よく見えなかった。

4. 1時間ぐらい前に、寝ていたら、窓から強盗が入って来た。ナイフを持って、「金を出せ」と言った。怖かったので、財布を渡した。財布の中には、15万円ぐらい入っていた。今は公衆電話から電話している。強盗は逃げた。電話線を切られて携帯電話もとられたので、すぐに電話できなかった。

5. 2分ぐらい前に、わたしの3歳の子供がやけどした。お茶をいれようと思って、お湯を沸かしていたが、子供がやかんをひっくりかえして、熱いお湯が右足にかかった。今、子供はわたしと家にいる。子供の足は赤くなっている。子供は大きな声で泣いている。

6. さっき、隣のマンションの2階のベランダから赤ちゃんが落ちた。赤ちゃんが落ちた所には低い木が生えていて、その木の上に落ちた。赤ちゃんは、生きているか、死んでいるかわからない。今、赤ちゃんは泣いていない。ベランダには人はいない。母親もいないようだ。

7. 家の前で、酔っぱらいが2人けんかしている。大きな声を出している。今、1人の男は殴られて、頭から血が出ている。もう1人の男は、さっき逃げた。

6課　旅行条件

海外旅行に行きたい

＜条件＞・行き先はヨーロッパ
　　　　・夏休み（7月21日から8月31日）の間に行きたい
　　　　・10日間以内で旅行したい
　　　　・東京から出発したい
　　　　・予算は30万円
　　　　・芸術的なものを見たり、聞いたりしたい

あなたが選んだツアーをここに書いてください。

　　ツアーの名前 _____

　　このツアーでは飛行機の機内食以外に食事が付いていますか。（はい____回・いいえ）
　　このツアーの料金の中に何泊分の宿泊（ホテル）代が入っていますか。（　　泊）

あなたが選んだ出発日は何月何日ですか。_____
その出発日のツアー料金はいくらですか。_____円

国内旅行に行きたい

＜条件＞・行き先は北海道か九州
　　　　・おいしい物を食べて、温泉に入りたい
　　　　・2泊3日か3泊4日で行きたい
　　　　・大阪から出発したい
　　　　・予算は1人5万円

あなたが選んだツアーをここに書いてください。

　　ツアーの名前 _____

　　このツアーの料金には食事と宿泊と交通費以外のものが含まれていますか。

　　　　　　　　　　　　　　　　　　　　　　　　　　　　（はい・いいえ）

　　「はい」の場合、何が含まれていますか。
_____

あなたが選んだ出発日は何月何日ですか。_____
その出発日のツアー料金はいくらですか。_____円

7課　暑中見舞いはがき

次のあて先に暑中見舞いを書きなさい。
あて先：相手の住所　：　〒100-0013　東京都千代田区霞が関2丁目1番1号
　　　　相手の名前　：　桜田　健・愛子
　　　　自分の住所　：　〒540-0008　大阪市中央区大手前3丁目1番11号
　　　　自分の名前　：　_____

暑中見舞いで伝えること：
　1．暑中見舞いを言いたい。
　2．相手が元気かどうか聞きたい。
　3．自分の近況を知らせたい。（元気・忙しい・楽しい・大変・頑張っている、などを3～5行ぐらいで書く。）

　　　　　　　　裏　　　　　　　　　　　　　　　表

8課　ごみシート

このごみはどのごみ箱に捨てますか

- アイロン
- いす
- マグカップ
- 芝刈り機（電動）
- 石けん
- 犬のふん
- やかん
- 腕時計
- トロフィー
- ＣＤ
- エレキギター
- 洗剤
- ろうそく
- オートバイ
- かつら
- 充電器
- ハンマー
- 猫砂
- ライター
- セロハンテープ
- 鏡
- マッチ
- 電子辞書
- 傘
- レンガ

- 針
- カセットテープ
- 風船
- カッター
- 髪の毛
- りんご
- 蚊取り線香
- 冷蔵庫
- ペンキ
- 紙おむつ
- 本
- 携帯電話
- 乾電池
- ボールペン
- 感熱紙
- 薬
- たばこ
- サングラス
- 蛍光管
- タイヤ
- スニーカー
- ピアノ
- のこぎり
- 花火
- 天ぷら油

8課　ごみ箱シート

燃やせるごみ

燃やせないごみ

生ごみ

資源ごみ

粗大ごみ

危険ごみ

その他

9課　苦情内容

1. ラーメン屋でラーメンを頼んだら、ラーメンのスープの中に小さいゴキブリが入っていました。（→　ラーメン屋の店長に苦情）
2. 本屋でアルバイトしていたら、5歳ぐらいの子供がアイスクリームを食べながら、本をめくっています。子供の手にはアイスクリームが付いています。子供のそばには母親がいます。（→　店員が子供の母親に苦情）
3. あなたの家の車庫の出口に車が止まっていて、あなたの車が外へ出られません。その車を運転していた人は、隣の家に来ています。（→　車の持ち主に苦情）
4. 5時20分に飛行機で空港に着いたら、あなたの大切な荷物がなくなっていました。中には、高い洋服が入っています。（→　航空会社に苦情）
5. あなたはレストランで食事をしています。あなたの隣のテーブルの人が、たばこを吸い始めました。たばこの煙があなたのテーブルの方に来ています。（→　たばこを吸っている人に苦情）
6. あなたは小学校の近くに住んでいます。その小学校の生徒が、昨日、あなたの車の屋根の上に乗って遊びました。あなたの車の屋根は、へこんでしまいました。（→　小学校の校長に苦情）
7. 映画館の中で映画を見ているとき、あなたの前に座っている人の携帯電話が鳴りました。その人は、その場所で電話に出て、小さな声で話し始めました。（→　電話している人に苦情）
8. 電話の請求書が来ました。今月の電話代はいつもの月の10倍になっていたのであなたは驚きました。あなたは、そんなにたくさん電話していません。たぶん電話会社が間違っていると思いました。（→　電話会社に苦情）
9. あなたが働いている高級レストランでは、正装したお客さんしか入れないことになっています。そこに、アロハシャツを着てショートパンツとサンダルを履いた、ちょっと怖い顔をしたお客さんが入って来ました。（→　お客さんに苦情）
10. スーパーのレジでレシートを見たら、買わなかった物の値段が書いてありました。（→　レジの人に苦情）

10課　メニュー

お客様のお名前：＿＿＿＿＿＿＿＿＿＿＿＿＿

《メニュー》

きのこのホイル焼き
茄子田楽
たこ焼き
広島風お好み焼き
＊
鮭のムニエル
ポークソテー
豚肉の生姜焼き
鳥の照り焼き
ビーフシチュー
すきやき
＊
ミルクリゾット
チャーハン
カレーピラフ
チキンカレー
＊
ラザニア
野菜ラーメン
焼きそば
＊
シーザーサラダ
ポテトサラダ
＊
ガーリックブレッド
フレンチトースト
ブルーベリーパンケーキ
カスタードプリン
＊＊＊＊シェフのおすすめ料理＊＊＊＊

本日のシェフ：＿＿＿＿＿＿＿＿＿＿

10課 シェフのメモ

作る料理

_____

材料

_____

_____

作り方

_____
_____
_____
_____
_____
_____
_____
_____
_____
_____
_____
_____
_____
_____
_____

11課　伝えたいこと

1. メール・アドレスを教えてください。
2. わたしの誕生パーティーに来てください。何か食べる物を持って来てください。
3. コンピューターが壊れました。直してください。
4. ホテルに泊まっています。チェックアウトするお金がないので、3万円持って来てください。
5. 一緒に映画を見に行きましょう。
6. 天気予報によると、あしたは雨です。ピクニックは来週に延期します。
7. 電車に乗り遅れて待ち合わせの時間に間に合いません。先に行ってください。
8. クラスに行ったら、先生に「わたしは急病で休む」と言ってください。
9. 田中さんは来ません。
10. 交通事故に遭いました。今から病院に行くので、今日は休みます。
11. できるだけ早く、わたしに電話してください。
12. 雨が降ってきたから、駅まで車で迎えに来てください。駅の南口で待っています。
13. 図書館から借りた本を早く返してください。
14. 仕事は首です。もう来なくていいです。
15. （　　　　　）さんの財布を拾いました。わたしに電話してください。
16. （　　　　　）さんに仕事をしてもらうことになりました。来週の月曜日から働いてください。
17. 今日は家に帰るのが遅くなります。
18. 本屋へ行ったら、「月刊ネコじゃらし」という雑誌を買って来てください。
19. 待ち合わせの場所へ行こうとしましたが、道がわかりません。
20. うちまでタクシーで来てください。タクシー代はこちらで払います。
21. テーブルの上にあるジュースは古いから飲まないでください。
22. あした、車にガソリンを入れておいてください。
23. 今、イタリアにいます。特に用事はありませんが、声が聞きたくて電話しました。
24. 今、車でそちらに向かっています。あと15分ぐらいで着きます。
25. 冷蔵庫の中にカレーがありますから、温めて食べてください。

11課　メモ用紙

メモを書いた人 _____

_____ さんから　_____ さんに伝言

_____
_____
_____
_____

伝言をもらった人のコメント

　□　わかりました　　　□　できません　　　□　そうですか
　□　ありがとうございます　□　何、それ？？　□　（　　　　　　　）

メモを書いた人 _____

_____ さんから　_____ さんに伝言

_____
_____
_____
_____

伝言をもらった人のコメント

　□　わかりました　　　□　できません　　　□　そうですか
　□　ありがとうございます　□　何、それ？？　□　（　　　　　　　）

タスクシート〈12課〉

12課　製品の値段と評判

欲しい物：　　　　　　　　　　電子辞書　　　　　　　　　　

メーカー（ブランド）名：_____

機種番号：_____

この機種の評判は：　いい点：_____
　　　　　　　　　　悪い点：_____
　　　　　　　　　全体として：　いい　　まあまあ　　悪い

この店で買いたい　　店名：_____
　　　　　　　　　　値段：_____円
この店の送料は　　　送料：_____円
この店ではクレジットカードは：　使える　　使えない

欲しい物：_____

メーカー（ブランド）名：_____

機種番号：_____

この機種の評判は：　いい点：_____
　　　　　　　　　　悪い点：_____
　　　　　　　　　全体として：　いい　　まあまあ　　悪い

この店で買いたい　　店名：_____
　　　　　　　　　　値段：_____円
この店の送料は　　　送料：_____円
この店ではクレジットカードは：　使える　　使えない

13課　郵送方法と値段

1

　　差し出し地域　　　　　　　　東京都
　　送り先の国　　　　　オーストラリア　　州、県など　　ニューサウスウエールズ州
　　送る物　　　　　　　　　　　　　　　重さ　　　　　　　　　　グラム

郵送方法		料金	日数
EMS		円	
船便	小型包装物	円	
	国際小包	円	
航空便	小型包装物	円	
	国際小包	円	
SAL便	小型包装物	円	
	国際小包	円	

2

　　差し出し地域　　　　　　　　　　　　
　　送り先の国　　　　　　　　　　　州、県など　　　　　　　　　　
　　送る物　　　　　　　　　　　　　重さ　　　　　　　　　　グラム

郵送方法		料金	日数
EMS		円	
船便	小型包装物	円	
	国際小包	円	
航空便	小型包装物	円	
	国際小包	円	
SAL便	小型包装物	円	
	国際小包	円	

15課　待ち合わせ 条件と会話例

条件

1	いつ会った？	先日
2	どうして知り合った？	田中さんの誕生パーティーで会った
3	そのときあなたは何をした？	カラオケで日本の歌を××さんと一緒に歌った
4	もう一度会う理由は？	パーティーのときに一緒に撮った写真があるから渡したい
5	いつ何をしたい？	今度の土曜日の午後に会いたい
6	もし、だめなら？	来週の土曜日の午後
7	それもだめなら？	来週の日曜日の午後
8	どこで何時に待ち合わせ？	渋谷のハチ公前で1時に待ち合わせ

会話例

○○　もしもし、××さんですか。

××　はい、そうですが、どちら様でしょうか。

○○　1先日、2田中さんの誕生パーティーでお会いした、○○と申しますが、おぼえていらっしゃいますでしょうか。

××　○○さん……、えーと、すみません、ちょっと思い出せないんですが。

○○　3カラオケで、日本の歌を××さんと一緒に歌った○○です。

××　ああ、あの○○さんですか。

○○　はい。それで、あのう、4パーティーのときに一緒に撮った写真があるので、お渡ししたいと思って、お電話したんですが、もし、よかったら、5今度の土曜日の午後にお会いできませんか。

××　今度の土曜日の午後は、ちょっと予定があるんですが。

○○　じゃ、6来週の土曜日の午後は、いかがですか。

××　来週なら空いています。

○○　じゃ、8渋谷のハチ公前で1時に待ち合わせというのはいかがですか。

××　いいですよ。

○○　じゃ、来週の土曜日の1時にハチ公前で。

××　はい。じゃ、そのときに。

15課　条件シート

A

1. いつ会った？　　　　　　　　去年
2. どうして知り合った？　　　　日本語のクラスで一緒だった
3. そのときあなたは何をした？　いつも××さんの隣に座っていた
4. もう一度会う理由は？　　　　借りていたノートを返したいと思った
5. いつ何をしたい？　　　　　　あした会いたい
6. もし、だめなら？　　　　　　あさって
7. それもだめなら？　　　　　　今日
8. どこで何時に待ち合わせ？　　図書館の前で3時に待ち合わせ

B

1. いつ会った？　　　　　　　　先週
2. どうして知り合った？　　　　テニスクラブのパーティーで会った
3. そのときあなたは何をした？　映画の話をした
4. もう一度会う理由は？　　　　もっと映画の話を聞きたいと思った
5. いつ何をしたい？　　　　　　来週の週末に会いたい
6. もし、だめなら？　　　　　　再来週の週末
7. それもだめなら？　　　　　　その次の週の週末
8. どこで何時に待ち合わせ？　　銀座のソニービルの前で土曜日の2時に待ち合わせ

C

1. いつ会った？　　　　　　　　去年
2. どうして知り合った？　　　　クリスマスパーティーで会った
3. そのときあなたは何をした？　サンタクロースの帽子をかぶっていた
4. もう一度会う理由は？　　　　あのとき話していたバンドのコンサートがあるので一緒に行きたいと思った
5. いつ何をしたい？　　　　　　来月10日に行きたい
6. もし、だめなら？　　　　　　11日
7. それもだめなら？　　　　　　12日
8. どこで何時に待ち合わせ？　　当日の6時半に、ライブハウスの前で待ち合わせ

文法と例文　解説

1課
1．条件は、（＊）ことだ
- 条件を簡潔に挙げるときに使います。
- 「〜こと、〜こと、〜こと」のように条件をリストアップするときに便利です。
- ここで使う「こと」は名詞化の働きをするものですが、「の」との言い換えはできません。

2．〜に合う
- 「適合する」という意味の「合う」です。
- 「〜」の部分には、条件、趣味、サイズ、レベル、性格、スキル、ライフスタイル、装い、季節、形、色、味などに関連した名詞が入ります。

3．（＊）に違いがある
- ものごとを比較するときに用いる基準を明確にするための表現です。
- （＊）の部分には、「大きさ」「重さ」「広さ」「長さ」など程度を表す名詞や、条件、スタイル、やり方などを表す名詞が入ります。

4．（＊）ように［依頼・命令］
- 依頼と命令を間接話法（cf.13課）で表す表現です。
- 直接的には「〜てください」「〜てくれませんか」「〜なさい」などで表現されるやり取りを第三者に伝えるときにはこのように表現します。
- 「〜ように」の後に「頼む」を付けると、依頼するというニュアンスが明確になり、「言う」を付けると、命令するというニュアンスが生じます。

5．（＊）になっている
- 「すでに決まっていて変えられない」という事実を相手に伝えたいときに用いる表現です。
- （＊）には名詞、または「こと」をつけた動詞が入りますが、「こと」の代わりに「の」を使うことはできません。
- この表現を使うと、「決まっていることだからそれを受け入れてほしい」というニュアンスと、「決めたのはわたしではないから、わたしを責めないでほしい」という二つのニュアンスを同時に伝えることができます。

2課
1．AでBが違う
- 「条件設定を変更すると、結果が違ったものになる」ということを表すときに使う表現です。
- 「A」に条件設定、「B」に結果が入ります。
- 「Bは、Aで違う」のように語順を変えることもできます。

2．伝聞表現1　〜によると、（＊）ということだ／（＊）そうだ／（◆）らしい
- 情報源を示して、そこから聞いた話や推定した話を聞き手に伝える表現です。
- 「本文」では文末を「〜ということだ」で結ぶ表現が出てきますが、この機会に初級で既

習の「〜そうだ」「〜らしい」も復習してみてください。
- な-形容詞と名詞の接続が「〜ということだ」「〜そうだ」と、「〜らしい」では違いますので、それにも注意を促しておいてください。
- 「そうだ」を復習するときには、伝聞を表す「そう」と様態を表す「そう」（cf. 5課）の意味と接続方法の違いを確認してください。

3．やっぱり／やはり
- いろいろ考えた末に、最初の考えに戻るときに使う表現です。
- 「最初の考え」は、一般常識である場合も多いので、一般常識に戻る場合にもこの表現を使います。

4．お（＊）ください／ご（＊＊）ください
- 敬語を使った依頼の表現です。
- この表現では、和語には「お」、漢語には「ご」を付けるのが基本です。

3課
1．それに
- すでに言ったことに加えて、さらに言うときに使う表現です。
- これと同じような働きをするものに、「また」「そのうえ」「おまけに」があります。

2．（＊）らしくて
- 「らしい」をて形にして原因や理由を推定します。

3．実は
- 今まで言わないでいたことを初めて言うときに使う表現です。
- 「今まで言わないでいたこと」とは、例えば、言いにくいこと、恥ずかしいこと、秘密にしていたこと、ワケありの事実、単に言う必要がないから言わなかったこと、などが含まれます。

4．（＊）気味
- まだ、本格的にその状態になったわけではないが、その兆しや傾向がある状態を表すときに使う表現です。
- （＊）の中には、主に病名や体の状態など望ましくない状態を表す名詞や動詞が入ります。

5．（＊）ところ
- 「ちょうどいいタイミング」、「悪いタイミング」を相手に印象付けたいときに使う表現です。
- 普通は「場所」を表す「ところ」を特定の「とき」を表すために使って、場面、状況、事態などを表します。

4課
1．すると
- ある行動やできごとの帰結や成り行きに注目させるために使う接続詞です。
- 必然的な帰結を表す条件の「と」を使うことでその成り行きが運命的であることを暗示して、聞き手の注目を集めます。

2．文の中の助数詞の位置　〜（が、を、に）一つ
- この項目の目的は、助数詞を後から付ける、日本語の標準的な物の数え方を確認することです。
- 日本語で物の数を表す場合、ヨーロッパ言語のように数詞の直後に数えられる対象が直接来ることは滅多になく、たいていは、「（数えられる対象）＋（が／を／に）＋（助数詞）」という順序になります。（例：×「いちねこがいます」　○「ねこがいっぴきいます」）

3．〜し、〜し、（〜からだ）
- 理由を列挙したり、列挙されるべき理由があることをほのめかしたりする表現です。
- 正式には、文末は「から」で結ばなければなりませんが、くだけた会話では、ほかにも理由があることを相手に察してもらいたいときに、「し」で文を終わらせることがあります。（例：「暗くなったし、もう帰ろうよ」）
  このような例は倒置表現でも使われます。（例：「もう帰ろうよ、暗くなったし」）
- て形接続で複数の理由をつなげて表現する場合もありますが、その場合は因果関係の順序に縛られます。これに対して、「し」にはそのような縛りがありません。
  例：○　太って医者に注意されたからジョギングを始めた。
  　　×　医者に注意されて太ったからジョギングを始めた。
  　　○　医者に注意されたし、太ったからジョギングを始めた。

4．〜になる
- 1課の「〜になっている」と同じく、「決まっていて変えられないのでその条件に合わせてほしい」と言いたいときの表現です。
- これから判断を下そうとしている聞き手に対して話者が配慮する場合は、「〜になっている」を使わずに、「〜になる」を使います（cf. 6課）。結局は相手にあきらめてもらわなくてはならないことでも、「これからそうなる」というニュアンスを持つ「〜になる」を使った方が「〜になっている」を使うよりは決めつける感じが弱く、相手を思いやった雰囲気を出すことができます。
  例：営業時間は午前10時から午後8時までになっています。
  　　　　　　　　　　　　　　　　　　（変えられないから受け入れてほしい）
  　　勤務時間は午前9時から午後5時までになります。
  　　　　　　　　　　　　　　　　　　（働く気ならそうなるが、それでもいいか）

5課
1．自動詞・他動詞
- 自動詞と他動詞の外見上の違いは、「を」格の目的語をとることができるかどうかです。「を」を伴った目的語をとることができるのは他動詞だけで、自動詞は、「歩く」「走る」「飛ぶ」「泳ぐ」「登る」「通る」などが通過の「を」をとる以外は、「を」をとることができません。

- その行為の対象に及ぼした結果の「責任」を問題にしたくないときに自動詞を使うことがあります。
  例：他動詞　・お金をなくした。（責任の所在をはっきりさせたい気持ちがある）
  　　自動詞　・お金がなくなった。（責任問題にしたくない）
- 「閉める」「閉まる」のように、一つの動詞の活用形として自動詞形と他動詞形があるように見える場合がありますが、形が似ていても別々の動詞として扱います。

2．～てしまう／ちゃう
- 完了を表します。
- 「完了」であることから、「取り返しがつかない」「もうそれ以上どうにもならない」というニュアンスを出すことができます。そのため、「もう二度と経験できないような大変なできごと」「経験したくなかったこと」「恥ずかしい経験」などを述べるときに「～てしまう」を使うことがあります。また、そのようなニュアンスを出して大げさに表現したいときにもこの表現を使います。
- 「ちゃう」は「てしまう」の短縮形です。て形が「で」になるものは「じゃう」になります。

3．～にとって
- あるものごとが、その人（物）だけに特定の意味を持つときに使う表現です。
- 「～として」（14課）と混同する学習者がいますので注意してください。「～として」は、その人（物）が、あるものごとに対して特定の役割を持つときの表現です。

4．（*）そう［様態］
- 様態を表します。
- な-形容詞型の活用をしますので、名詞を修飾する形は「そうな」、動詞・形容詞を修飾する形は「そうに」になります。
- 伝聞を表す「そう」（cf. 2課）との違いを確認してください。

5．（*）とする
- ある行動を起こそうと思ったその瞬間を表す表現です。
- 行動を起こす意志に関係があるので、（*）には動詞の意志形を使います。

6課
1．敬語表現
- 敬語表現全体についての復習です。
- 基本的な三つのコンセプト、「尊敬」「謙譲」「丁寧」を理解しているかどうか確認してください。
- 学習者に余裕がありそうなら、尊敬表現を用いてかえって相手を遠ざける「慇懃無礼」や、逆に、あえてぞんざいな言い方をして親しみを表現することもあることについても触れてください。

2．お（*）です／ご（**）です
- 動詞を「お」「ご」とともに用いる尊敬表現の一つです。目上の人の行為について敬意を表す表現です。

- 文脈によって①「～ます」、②「～ています」、③「～ました」を表します。
  例：①あしたは何時にご出発ですか。（～ます）
  　　②何をお探しですか。（～ています）
  　　③もうお決まりですか。（～ています／～ました）
- 形の作り方は２課の「お（*）ください／ご（**）ください」と同じで、「ください」を「です」に変えます。

3．可能表現
- 可能表現の総合的な復習です。
- 可能表現の作り方に２種類あることを確認してください。
  ①動詞の可能形
  　５段動詞→命令形＋る
  　１段動詞→ます形＋られる　（ます形＋れる［話し言葉・ラ抜き］）
  　する動詞→（～）できる
  　来る　　→来られる　（来れる［話し言葉・ラ抜き］）
  ②「ことができる」を付けた表現
- 動詞の中にすでに能力の意味が含まれているものは、重ねて可能表現にしないように注意してください。（例：「見える」「聞こえる」「わかる」など。「見える」を「見えられる」や「見えることができる」にすることは文法的に可能でも、普通そのようには言いません。）
- 「能力」ではなく、「あるものごとが存在する可能性」（cf. 13課）を表現したい場合は、可能形や「～ことができる」が使えないことを確認してください。その場合は、「～ことがある」「～場合がある」「ものがある」「人がいる」などを使います。
  例：× 太陽が出ているのに雨が降れる。
  　　× 太陽が出ているのに雨が降ることができる。
  　　○ 太陽が出ているのに雨が降ることがある。

4．(*) ことになる
- ４課の、決まっていて変えられないことを表す「～になる」の「に」の前に動詞が来る表現です。未来のことに使うと、避けられない運命を表すことができます。
- そこで、この表現を使って相手に警告を発することもできます。

5．(*) ことにする
- 自分で決断することを表す表現です。
- 他動詞「する」と自動詞「なる」の違い（cf. 5課）が、「ことにする」と「ことになる」の違いに反映していることに留意してください。つまり、他動詞は動作主の存在がはっきりしているため、「ことにする」は「自分で責任を持って主体的に決断する」という意味になります。これに対して、自動詞は動作主体を問わないので、「ことになる」を使うと「決断の責任は自分にない」「決定事項を変更する権限は自分にない」という意味になります。

7課
1．(*) に忙しい
- 一つのことに集中、没頭している様子を表す表現です。没頭していて、ほかのことを考えている余裕がないというニュアンスを出すことができます。

- 「～で忙しい」と似た形ですが、「～で忙しい」は、忙しい「理由」を表す表現（c.f 11課）です。
  例：田辺「僕とカラオケに行かない？」
  　　杉山「今日は、残業で忙しいからだめ。」（残業が理由で忙しい）
  　　　　「山田君は？」
  　　田辺「山田君はもう帰っちゃったよ。趣味のロボット作りに忙しくてカラオケどころじゃないらしいよ。」（自分の趣味に没頭している）

2．～てきた
- ある習慣、状態、傾向が過去から現在まで続いている様子を「くる」を使って表現したものです。
- 変化し続けた結果、今があるという意味で、結果の到来を意味することがあります。

3．～ていく
- ある習慣、状態、傾向が現在から未来に向けて続く様子を「いく」を使って表現したものです。

4．（＊）ばかり
- 何かが完了してすぐの状態を表す表現です。
- 完了してすぐという意味を表すためには、（＊）には、動詞の普通形過去の肯定形だけが入ります。その他の形を入れると別の意味になります。
  例：・食べるばかり＝（すぐに食べられるように準備ができている／食べる以外のことをしない／「か」を伴って「それだけではなく」の意味を表す）
  　　・食べないばかり＝（「か」を伴って、「それだけではなく」の意味を表す）

5．Aと違って、B（の場合）は
- Aと対照させてBの特徴を際立たせる表現です。
- 「Bの場合は」と「Aと違って」の文中での位置は入れ替えが可能です。

6．けど／が
- 自分が話したい話題への導入に使います。

7．あと
- 付け加えて何かを言うときに使う表現です。
- 改まった言い方では「それから」「そのほかに」を使います。

8課
1．（＊）ということを思い出す／忘れる
- ある事実や様子を思い出したり忘れたりするということを表す表現です。
- 対象が「事実や様子」ですので（＊）には基本的に「ということ」が入ります。特に、形容詞の場合は「という」がある場合とない場合では意味が異なる場合があります。
  例：細かいことを忘れていた。（詳細な部分を忘れていた）
  　　細かいということを忘れていた。（（何かが）細かいという事実を忘れていた）

2．二つの「また」

- 同じ物や同じことを「もう一度繰り返す」意味の「また」と、同じ文脈の中でもう一つ関連性のあることを「付け加える」意味の「また」があります。
- 文中で「も、また」のように使われている場合は「付け加え」の意味が明確ですが、そのほかは、どちらも文頭に使えますので、結局は文脈で判断することになります。

3．～。～からだ。

- 因果関係を、倒置法を用いて表す表現です。
- 特に、結果そのものは短く表現できるのに、原因の方に長い説明が必要な場合は、倒置法を使った方がわかりやすくなります。
- 倒置法にするときには、結果文をいったん閉じてから、改めて原因文を起こします。

4．～のような（＊）（～みたいな（＊）[話し言葉]）
　　～のように（＊＊）（～みたいに（＊＊）[話し言葉]）

- 例を表す「ようだ」が名詞を修飾する場合と動詞・形容詞を修飾する場合の文の構造を比較します。
- 名詞を修飾する場合には「ような」、動詞または形容詞を修飾する場合には「ように」になることを例文から確認してください。

5．ちょっと

- ざっくばらんな呼びかけ表現としての「ちょっと」です。
- 呼びかけ表現のときには、「すこし」、「少々」と言い換えることはできません。
- くだけた会話の中だけで使う表現です。

9課

1．主語の省略

- 主語が省略された文に慣れ、主語を推測して補う能力をつけるのがこの項目の目的です。
- まず、主語が省略された文の中から動詞を探し、次に、それに対応する主語は何かを学習者に推測させてください。

2．～ないで～する

- この表現で表されるのは、次の二つの意味です。①Aのかわりに B をする。②A をしない状態で B をする。
  例：① 謝らないで店のせいにした。
  　　② 水を飲まないで激しいスポーツをする。
  どちらの意味で使われているかは文脈から判断します。

3．（＊）せい／おかげ

- 「せい」は否定的なこと、「おかげ」は肯定的なことについて使います。
- 「～せいにする」とは言えますが、「～おかげにする」とは言えません。
- 「おかげ」は皮肉として否定的なことについて使うこともあります。
  例：部長「君の失敗のおかげで、会社は 5 千万円も損したんだよ。わかる？」

4．〜なかったら〜なかった（だろう／かもしれない）
　・過去にさかのぼって仮定する「たら」を使って、現在の不幸や幸運を強調する表現です。
　・この課では後半部に否定形を使った構文を扱いますが、後半部は否定形である必要はありません。
　　例：あのときあなたに会わなかったら、きっと今はまだ独身でした。

5．〜者なんですけど
　・「者」という、人を表す一般的な語彙で自分を表現することで、匿名性を保持したまま名乗り（自己紹介）をすることができます。最初から自分の名前を名乗りたくはない状況で使います。

10課

1．（＊）と言っても
　・相手の予想や想像の範囲を制限するための表現です。
　・（＊）の部分を聞いて聞き手が膨らませるであろう想像をあらかじめ制限したいときにこの表現を使います。「自炊するといっても、田中さんは料理をしたことがなかった」では、「自炊する」から当然聞き手が連想するはずの田中さんの料理能力が、実は田中さんには備わっていないので、聞き手が想像力を膨らませないようにあらかじめ注意を促しています。

2．とりあえず
　・時間がないときや、あまり考えたくないときの「一時的な解決策」であることを示す表現です。

3．いったん
　・後で再開することを念頭に置いて、動作を停止したり、その場を離れたり、別のことをしたりするときに使う表現です。

4．意外と
　・実際のものごとのありさまが、思っていたより上、または思っていたより下だった場合に使う表現です。
　・同じ意味で使う言葉に「案外」、「思いのほか」があります。

5．連用中止法
　・「連用形」と呼ばれる活用形を使って、動詞や、い-形容詞をつないでいくやり方を「連用中止法」と言います。連用形は動詞では「ます形」、い-形容詞では「〜く」の形です。連用中止法に用いる連用形の後には読点「、」を付けることが一般的です。
　・連用中止法による接続は、文の中では、て形接続と同じような働きをします。
　・な-形容詞と名詞にはこの形はありません。ただし、「〜である」の連用形「〜であり」でつなぐことはできます。（例：「静かであり、安定している」）

6．そう言えば
　・会話の内容から連想が生じたときに使う表現です。
　・話題を自分の側に引き寄せたり、会話の方向性を変えたいときに使うこともできます。

11課
1．（＊）で［原因・理由］
- 助詞の「で」を使って理由を表す表現です。
- （＊）には、できごとを表す名詞が入ります。

2．伝聞表現2［メモ・伝言］（＊）とのこと／（＊）そうです／（＊）って
- 伝言するときの文体を、口伝えと書き残し（メモ）について確認します。
- 伝言内容によっては、「行く」を「来る」に変えたり、「てください」を「てほしい」などに変えたりする必要があります。

3．〜てほしい
- 聞き手または第三者に、ある行為を望むときの表現です。
- この課では、特に本人に直接言うときには「〜てください」となるものが、伝言の仲介者を通すと「〜てほしいそうです」になる点を確認してください。

4．しかたがないので
- 状況が許さないので次善の策をとるというときの表現です。

12課
1．（＊）に便利
- いつどのような場面で使用すると便利に感じるかを表す表現です。
- 動詞の後の「の」はこの場合、「こと」には言い換えられません。

2．さらに
- すでにあるものごとに、新たに何かを加える「プラスα」を表す表現です。これによって「はなはだしい」というニュアンスを表すこともできます。
- 付け加えの「また」が並列型の付け加えであるのに対して、「さらに」は積み上げ型の付け加え表現と言えます。
- 「さらに」は、①「そのうえ」「おまけに」の意味に近い用法と、②「それよりもっと」の意味に近い用法があります。ここでの用法は①です。
  例：「明日はレポートの締め切りが二つあって大変なのに、さらに小テストもある。」（①）
  「キャットフード『ネコニャン』が、さらにおいしくなって、新登場！」（②）

3．（＊）せてください—せてもらう／せてあげる／せてくれる
（＊＊）させてください—させてもらう／させてあげる／させてくれる
- 使役のやりもらいです。
- 話者がやりたいことについて他者に許可を求める場面、他者がやりたがっていることについて話者が許可を与える場面で使います。
- 使役形の作り方をここでも復習してください。

13課
1．（＊）ある／（＊＊）する
- 程度の大きさを「ある」や「する」を使って表す表現です。

- 大きさ・高さ・重さ・深さ・量などには「ある」を使い、金額については「する」を使います。

2．間接話法
- この項目では、間接話法を包括的に復習します。直接話法からの書き換えは、文意によって表現方法が変わることに注意してください。

3．〜は〜にうるさい
- 「細かい点にまで厳しい人々」や「好みが難しい人々」を表すときに使う表現です。
- このような人々は、細かいところにまで文句を言い立てるので、相手に「うるさい」と感じさせます。

4．A、B、Cとある
- 選択肢を並べて提示する表現です。選択肢が二つしかない場合にも使うことがあります。
- 「がある」としても、意味的には同じですが、引用を表す「と」を使うことで、目の前に選択肢の書かれたリストを広げて見せているというニュアンスを出すことができるため、イメージがより具体的になります。

5．（*）ことがある
- 存在可能性、実現可能性を表す表現です。あるものごとが時々起こる、または起こる場合があるときに使います。
- 経験を表す「普通形過去＋ことがある」との違いに注意してください。

14課
1．〜として
- その人（物）が、あるものごとに対して特定の役割を持つときの表現です。
- 「〜にとって」（cf. 5課）と混同する学習者がいますので注意してください。「〜にとって」は、あるものごとが、その人（物）だけに特定の意味を持つときに使う表現です。

2．（*）か知っている／おぼえている／わかる／教える／言う
- この項目では「何」「なぜ」「だれ」「どれ」「どの」「どこ」「どちら」「どう」「いつ」「いくら」などの疑問詞を使った普通体の疑問文に「知っている」「おぼえている」「わかる」「教える」などを組み合わせた形を扱います。

3．頼んでくる／言ってくる
- 解決を要する面倒ごとを持ち込まれて気が重くなるというニュアンスを表すのによく使われる表現です。

4．〜より
- 動作や作用の起点を表す「から」の改まった言い方です。
- スピーチ、論文など、文語的な表現が必要な場面で使います。

5．なぜかというと～からだ／なぜならば～からだ
- 因果関係を倒置法を使って表すときに、理由や原因を強調する表現です。
- 「なぜかというと」のような表現を使わずに、倒置法の文の最後を「から」で結ぶだけの方法（cf. 8課）もありますが、理由部分が長い場合、文が終わるまでそれが理由であることがわからないのは不便なので、「なぜかというと」を文頭につけて、それ以下が理由であることを示した方が聞き手にわかりやすいことがあります。
- これと同じような働きをする表現に、「それは」があります。

15課
1．長い名詞修飾節
- 長い名詞修飾節を持つ文の構造を分析して、内容をわかりやすく解読することを目的とした項目です。
- 文中のどこからどこまでがその名詞を修飾しているか（その名詞について説明する部分か）について解説してください。

2．～に詳しい
- そのことについてよく知っている、細かい知識を持っているということを表す表現です。

3．それほど～ない／そんなに～ない
- 聞き手の期待や想像を意識しながら、そこまでのレベルにはないことを表す表現ですが、単に程度が高くないという意味でもよく使われます。
- 「～と言っても」（cf. 10課）と同じく、ある話題について相手が常識的に期待したり想像したりするだろうことを意識して、それを制限しようとする意図で使います。したがって、「～と言っても」と組み合わせて使う場合もあります。
- 「あまり」と同じように使えますが、「あまり」を使う場合は聞き手のことは意識されていません。

4．もしよかったら
- 相手を思いやった形の、やわらかい勧誘表現です。
- 文の結びは「～ましょう」や「～ませんか」になりますが、相手の意向を尊重する表現なので、「～ませんか」のような否定疑問の形の方がよりふさわしい結び方と言えます。

5．（＊）というのはどうですか
- 提案に使う表現です。
- 引用の「と」を使った表現なので、提案内容を丸ごと紙に書いて相手に提示するような具体的な印象を与えることができます。その具体性ゆえに、ビジネスや商談などでもよく使われる表現です。
- 提案をわかりやすく簡潔に述べるために動詞部分を省いた形もよく使われます。（例：正月はハワイというのはどう？）